譚氏文萃

譚麗泉
譚希賢 著

壹嘉出版

壹嘉出版

譚氏文萃

書名：譚氏文萃

作者： 譚麗泉、譚希賢

出版人：劉雁

裝幀設計：壹嘉出版

開本：6”×9”

定價：US$55

出版：壹嘉出版

網址：http://www.1plusbooks.com

電郵：1plus@1plusbooks.com

美國·舊金山·2017

我們的全家福

先父與繼母參加長孫光榮醫學院畢業禮

先父母與兒、媳、女、婿及孫輩攝於1968

希賢2012攝於印度皇后宮墓前

先父1950於香港

先父母1964攝於聯合國前

2003年希賢瑞芬攝於瑪麗女王號遊船

2008希賢與瑞芬於北京天壇前

希賢駕遊艇與教會弟兄姊妹遊邁阿密近海

希賢與弟兄會弟兄探訪陳鎮平夫婦

瑞芬與教會女傳道會姊妹一起

希賢與教會弟兄會弟兄一起

希賢在歡送林榮煌夫婦遷港會上致詞

2000年冬希賢與教會弟兄遊長江三峽

2001年希賢夫婦遊中東希臘

2001年希賢夫婦遊絲綢之路

2000年希賢夫婦攝於西昌村祖屋前

1974年希賢夫婦偕兒女遊中佛州

前　序

　　本人是為了紀念先父譚麗泉翁而出版這本書的。先父自幼勤奮好學，刻苦用功，文學造詣頗深，尤擅詩辭歌賦，喜歡遊山玩水，鑒賞自然美景，自1960－1990 三十年間，遊歷全世界一百多個國家和地區，嘔心瀝血，寫出詩詞達數百首。先父生前有個願望，欲將歷年詩作手稿，蒐集齊全，編印成冊，留傳後代，以資紀念，曾請碩明叔幫他整理打字，輸入電腦，準備出版，可惜後因年紀老邁，疾病纏身，未及等到書稿整理完竣就不幸辭世，出版事宜因而被擱置下來，不了了之。時隔多年，因我想出版我的詩文集，再請碩明叔幫忙。他提出何不把先父的詩作和我的詩文作品合二為一，編成一冊？這樣，先父和我兩人的願望遂得以同時達成，在此謹向碩明叔表示衷心的感謝！

先父出生於廣東省台山縣海晏區西昌村，在台山中級師範學校畢業後，由於成績名列前茅，得到師範學校校長推薦，於1937年盧溝橋事變抗日戰爭爆發時，被聘任海晏區最大的一間小學的校長，當時先父年僅二十四歲，是當地最年青的校長。筆者在《五代同堂聚美國》文內已作詳細敘述。

筆者和先父一樣，也是出生於同一地點——海晏區西昌村。少年時在鄉間初中畢業後，隨即前往洪都拉斯隨父經商，1972年全家移民美國邁阿密，隨後加入美亞美華人浸信教會。

筆者自幼熱愛中國古典文學與近代史，尤其喜愛唐詩，曾給華人浸信教會《家訊》投稿。退休後勤研白話體詩詞，同時特別推崇近代中國兩位文學大師魯迅和林語堂。

魯迅打破中國封建文化舊禮教枷鎖，激發愛國知識分子，才有五四運動。林語堂提倡白話文，普及大眾文化水準，減少文盲。筆者認為他們兩位是推動中國文化發展的先驅者，對新中國的尖端科學、基建工程有重大的貢獻。歐洲經過文藝復興才有工業革命主宰世界；"昨日河東，今日河西"，中國文藝復興，國語才能成為國際語言。

在此感謝劉廣華牧師對我的鼓勵與指點，黃碩明叔的潤色、打字與排印，才有本文選詩集的出版。謹此希望能與親朋好友及主內弟兄姊妹切磋分享，並請多多指教。

謝謝!

希賢

2017年春於美國佛羅里達州邁阿密市

麗

泉

卷

先父譚麗泉攝於1956年

目　錄

7

自 序 （駢文體）

麗泉粗讀詩書，揣摩學問；寄情筆墨，涉獵辭章。振鐸登壇，據古文而論道；授徒駐校，引新典而談經。藏修以沐春風，弦歌妙曼；游息以沾化雨，桃李向榮。望儒教之宮牆，門高八仞；窺國學之翰苑，庫聚千鐘。械樸作人，故切磋於學府；菁莪造士，迺磨琢於詞林。十載宏規，謨惟樹木；百年大計，旨在育才。斯為予之本懷，平素之蓄念也。

芸窗夜雨，咿唔四聲；黃卷青燈，探研六義。拈題覓韻，慕騷客之風流；擊缽催詩，步雅人之逸事。寓進修於教育，百尺竿頭；曾耕耨於藝壇，十年牖下。悵歲華之虛度，咬爛菜根；嗟時序之蹉跎，寫殘粉筆。尊師重道，闡儒術之流傳；琢玉探珠，繼昔賢之作述。書生本色，器局雍容；學者風儀，襟懷豁達。此又文壇士子，分途並進者歟。

15

絳帳甄陶，半生歲月；黌宮啟迪，十有六年。鵬
翥九重，去國愜乎宿願；鵠飛萬里，放洋洽乎常懷。幸
機會之偶逢，棄儒習賈；慶際遇之巧合，捨學從商。奇
謀振於經綸，棲持洪國；妙策通於貨殖，活躍洪京。喜
獲良機，乃得心而應手；欣臨好景，特精算而持籌。駿
業宏興，家肥屋潤；鴻圖丕展，利就功成。已蠲態於寒
酸，適我之所願矣。

抱誠得遇，仰合朝流；守道待時，因應環境。移民
美國，擇夷域之芳鄰；開族佛州，居邁城之勝地。壯志
非同昔日，老去韶華；豪情不復當年，侵尋暮境。詆立
奇而標異，愧我未能；訏沽譽而釣名，則吾豈敢。韜光
養晦，隨心境之能安；反璞歸真，惟性靈之所欲。緬
懷既往，奚輯詩編；策勵來茲，用膳詞集。俚句聊當緒
論，蕪辭姑作序文。

公元二千年十月歲次庚辰孟冬重陽節
廣東台山世錚譚麗泉於美國佛州邁阿密抱守齋

16

抱守齋全集出版賦

（以題為韻）

世情變幻，惹來滿腹牢騷；時局紛紜，撩起憂心如擣。雪霏乃識寒梅，風疾方知勁草。高士胸懷磊落，肝膽照人；鴻儒心地光明，熱腸古道。煙霞嘯傲絕佳，心水流連永好。但覺光陰易逝，送序頻更；深知歲月難留，催人漸老。修心拋卻紛煩，養性驅除懊惱。矜奇炫巧，漫云沽譽釣名；立說著書，遑論災梨禍棗。吟哦發我心聲，寫作抒吾懷**（抱）**。

年華虛度，既經綠鬢朱顏；寒暑屢遷，曾屆蒼髯白叟。臨觀秋月春花，仰視南箕北斗。幽客清談茗會，茉莉香茶；雅人歡醉綺筵，梅花醇酒。黌宮親覓良師，社會擇交益友。檢討未來得失，固屬勞心；探討過去興衰，該當回首。欲將蓄勢待時，胡不滌瑕盪垢。立廉貶儒，相期激濁揚清；養晦韜光，惟冀懲前毖後。修身應篤品行，處世宜堅操**（守）**。

文采風流，閒適四時常樂；雍容恬澹，靜觀萬象彌佳。披我簑衣笠帽，著吾木屐芒鞋。春光燦爛賞花，朝行蘚徑；秋色晶瑩待月，暮立苔階。命運豈無主宰，時機自有安排。宿儒坐擁書城，文江有岸；秀士行吟藝苑，學海無涯。嘯詠攄吾胸臆，微哦舒我襟懷。晝夜計時，鼎漏鐘鳴準確；晨昏叫序，詩聲琴韻和偕。自習勤研學藝，潛修靜坐書 **(齋)** 。

論道談經，綱舉目張作則；育才講學，規行矩步周旋。若肯歸真反璞，尤須釋義解詮。良弓業已收藏，蓋因乏鳥；巨鯉從而捕得，竟爾忘筌。堪嘆民皆怙惡，奈何誰不改悛。施恩推愛人間，情投意合；潑墨揮毫文苑，字接句聯。遠眺彩雲遮日，近觀飛瀑流泉。帶礪河心，故國思深洞澈；衣冠人物，神州懷遠不宣。搦管歌詞兼備，題箋詩對雙 **(全)** 。

豪雄逸雅，文人趨向謙恭；壯志堅貞，士子卓然特立。乾剛匡濟坤柔，韋緩因應弦急。冰凍懸殊炭熱，絕不相容；枘方齟齬鑿圓，莫能投入。同根寧許相煎，萁豆徒勞對泣。商婦琵琶訴恨，紅粉飄零；江州司馬輸誠，青衫淚溼。騷人嘯詠相沿，墨客狂吟積習。體裁迥異，何妨區別排編；年份不同，乃作劃分蒐輯。甚歡文字結緣，紫喜詩詞成 **(集)** 。

薰蕕互異，民情先辨正邪；善惡分明，世變預覘凶吉。如能改過知非，定不循名責實。治事盤根錯節，性格謹嚴；對人霽月光風，情懷坦率。狂飆肅比秋霜，甘雨溫如春日。掩鼻嫌聞惡臭，漬鮑腥場；揚眉引吸奇芳，芝蘭香室。既欣松柏冰姿，更悅瓊瑤玉質。藝壇獨秀，巡迴書畫展陳；儒教弘揚，淵藪文章著述。鷗盟結社盍來，穎脫遂囊而（出）。

天涯寄蹟，前程遐想有餘；海角留痕，故守牽懷無限。蜀道攀越嵋山，劍閣貫通橫棧。難得良朋相敘，風雨留人；頻斟美酒聯歡，主賓持璚。立身應本虛心，閱世只憑慧眼。學者經年墨耨，何患歉收；儒家累歲筆耕，豈無豐產。論文應許發揮，傳記弗容杜撰。情辭婉約，雖能綴句成章；意境雄奇，務要刪繁就簡。躬親校對零編，美國即行出（版）。

胸中繚繞，吁嗟真假人情；眼底綢繆，太息炎涼世故。吟詩茹古興悲，讀史涵今震怒。敦厚持躬涉世，顧戀塵緣。推誠接物應時，羈纏俗務。聖賢絕對欽崇，豪傑自然仰慕。朗潤高懷逸態，典雅氣氛；清超拔俗寬容，謙沖風度。追維跨越堅冰，記憶踏超零露。書生本色，身穿法服凝思；學者威儀，頭戴儒冠徹悟。幸能十載讀書，愧未千金作（賦）。

萍梗飄流託緒言

——環遊世界六大洲一百零八國暨十五殖民地概況

(一) 阿美利加洲　AMERICA

予於一九六零年五月，歲在庚子仲夏，偕原配馬引娣，從僑居中美洲的洪都拉斯國，開始自由式旅行。首作阿美利加洲之遊，遄赴美利堅 (USA)，瀏覽各大城市，歷時三載，踏遍花旗版圖五十州，繼赴加拿大 (Canada)、墨西哥 (Mexico)，乃劃分於北美洲 (North　America) 者。再往危地馬拉 (Guatemala)、薩爾瓦多 (El Salvador)、洪都拉斯(Honduras)、尼加拉瓜(Nicaragua)、哥斯達黎加　(Costa Rica)、巴拿馬 (Panama)，乃劃分於中美洲 (Central Amer-ica) 者。賡遊哥倫比亞(Colombia)、委內瑞拉(Venezuela)、厄瓜多爾(Ecuador)、秘魯　(Peru)、玻利維亞　(Bolivia)、巴拉圭 (Paraguay)、烏拉圭(Uruguay)、智利(Chile)、阿根廷

(Argentina)、巴西(Brazil)、圭亞那(Guyana)、蘇里南(Surinam)，乃劃分於南美洲(South America)。

予偕室人曾作美洲廿一國遊，惜乎！室人遽逝，劫數難逃。蜜月補行，於焉終止。

一九六七年以後，予蒞西印度群島(West Indies Island) 與加勒比海 (Caribbean Sea) 國家。諸如千里達托巴哥 (Trinidad and Tobago)、巴比杜斯 (Barbados)、多明尼加(Dominica Republic)、海地(Haiti)、牙買加 (Jamaica)、巴哈馬(Bahamas)、聖魯西亞(Saint Lucia)、格林納達 (Grenada)、古巴 (Cuba)等九個國家暨殖民地 (Colony Place)百慕達 (Bermuda)、波多黎各 (Puerto Rico)、美屬處女島 (USVirgin Island)、安迪瓜 (Antigua)、聖馬丁 (St.- Martin)、聖維仙特 (SaintVinsinda)、聖湯姆士 (St. Thomas)、危地洛比(Guadeloupe)、馬丁奈克(Martinique)、古拉索(Curacao)、阿魯巴(Aruba)與北極圈 (Arctic Circle)處之格陵蘭 (Greenland)等十二處地區。綜計旅遊美洲大陸二十一個國家、加勒比海九個國家，共三十個國家，暨西印度群島十一個殖民地焉。訪勝尋幽，美洲踏遍。觀風問俗，記我旅程。

(二) 歐羅巴洲　EUROPE

一九六九年仲秋，予由洪國，挈眷移民美國。居留五年，合格申請，成為美國籍民。從一九七五年春季起，參加當地旅行社集體旅遊。曾偕繼室陳氏，遄赴西歐（West Europe）瀏覽。計有英吉利(England)、愛爾蘭(Ireland)、法蘭西(France)、比利時(Belgium)、盧森堡(Luxemburg)、荷蘭(Holland)、德意志(Germany)、瑞士(Switzerland)、列支敦士登(Liechtenstein)、奧地利(Austria)、意大利(Italy)、梵帝(Vatican)、摩納哥(Monaco)、西班牙(Spain)、葡萄牙(Portugal)、冰島(Iceland)等十六個國家。翌年初夏，予再蒞北歐觀光，遊覽丹麥（Denmark）、瑞典(Sweden)、挪威(Norway)和芬蘭(Finland)等四國也。

一九七八年仲夏，予赴東歐，遊覽鐵幕之蘇維埃聯邦(Russia)、波蘭(Poland)、東德(Eastern Germany)、捷克（Czecho Slovakia）、匈牙利(Hungary)、羅馬尼亞(Romania)、保加利亞(Bulgaria)和南斯拉夫(Yugoslavia)共七國也。是歲孟秋，賡赴南歐遊觀希臘(Greece)和聖馬利諾(San Marino)兩國。統計歐洲旅程，共遊二十九國。尤憶搭船遊地中海時，曾泛遊希臘島嶼，暨瀕海岸之列國城市，流連四天，至足樂也。

綜計在歐洲漫遊，俱是風景如畫者。橫渡英倫海峽，蕩舟萊茵河(The Rhine River)中，登阿爾卑斯山(The Alps Mountain)，泛棹威尼斯島(The Venice)，搭船泛遊朔北，目睹海中冰山。北極圈外風光，沿岸堅冰皚雪。屢赴梵帝岡城，進聖彼德教堂，欣賞四壁浮雕，登大圓穹塔頂。遍蒞東歐國家，全屬極權統治。波羅的海門戶，籠罩鐵幕風雲。至若南歐列邦，滿佈回教寺院。歐亞兩洲連接，瀕地中海邊沿。中古文明，歐洲為最。釣奇誌異，博覽周詳。執遊鞭於重來，挹風光之如舊。遣尋幽於雅興，發思古之幽情。雪泥遍踏，鴻爪印痕。歐陸風光，縈吾心影。

(三) 亞細亞洲　ASIA

一九七七年仲春，予偕繼室陳氏，作亞細亞洲之遊。遍往遠東與東南亞，先抵中國寶島台灣(Taiwan)、香港(Hong Kong)、澳門(Macao)等地。繼遊日本(Japan)、南韓(South－Korea)、菲律(Philippines)、泰國(Thailand)及新加坡(Singapore)、馬來西亞(Malaysia)、印度尼西亞(Indonesia)等八個國家也。

一九七八年春季，予往亞洲近東旅行，曾到尼泊

爾(Nepal)、不丹 (Bhutan)、蒙古 (Mongolia)、印度
(India)、斯里蘭卡 (Sri Lanka)、阿富汗(Afghanistan)、
巴基斯坦(Pakistan)、緬甸(Burma)等八個國家。尼國位
居高原，渾號"世界屋頂"。飛越該處山巔，博覽天台形
勝。時逾兩載，遊興尚濃。預備行裝，再償宿願。重遊
喜馬拉雅山，信宿風景旅館。乍睹暑天落雹，近對埃佛
勒峰。巍峨聳高，為世界冠。攬勝探奇，畢生留念。是
歲之秋，余賡至中東之土耳其(Turkey)、伊朗(Iran)、約
旦(Jordan)、以色列(Israel)、敘利亞(Syria)五國。

一九八一年初夏，予赴亞洲北太平洋、中太平洋和
南太平洋之遊，計有斐濟 (Fijis)、汶來 (Bronel)、東加
(Tonga)、 薩摩 (Samoa)、巴布里新畿內亞 (Papua New
Geuniner)、所羅門 (Solo-mon)、新赫布里德斯 (New
Hebripes)、 新加里多尼亞 (New Caledonia)等八國，暨
殖民地之關島(Guan)、大溪地(Tajiti)和曲克島 (Cook
Island)三個地區。飛鴻印爪，沙渚留痕。遊太平洋，椰
風棕影。

一九八二年孟夏，予偕繼室陳氏，再往以色列
(Israel)蒞臨聖城耶路撒冷(Jerusalem)，探進大教堂，臨
觀花園塚，虔瞻耶穌(Jesus)聖蹟焉。亞洲旅遊，見聞
增廣。曾赴印度古邦，參觀佛教神廟。躬到耶路薩冷，

瞻仰耶教聖地 。 復蒞伊次坦堡(Istanbol)，縱覽回教聖堂。世界佛、耶、回三大宗教，真蹟保留，遺傳萬古；俱發祥於亞洲，於此稍見端倪。

　　一九八三年起，至一九八八年止，予偕繼室遄歸中國大陸(China)。遞年以來，縱橫阡陌，暢遊錦繡河山，遍覽神州勝景。欣賞中國熊貓，洵為希世之珍。並於一九八八年秋，組團回歸中國之廣東省台山縣海晏故鄉。我西昌村華僑林場落成，牌樓匾額剪彩，堪稱故里盛況。枌榆闊別，歷四十年。衣錦榮旋，得瞻新貌。天涯遊子而歸故鄉，古今中外之所同也。一九八九年夏，我村僑美昆仲，自動募集款項，增進桑梓建設，興辦公益事業。修葺祖宗墳場，既承先而啟後。遞年清明祭掃，復追遠以慎終。其後興建西昌紀念館，樓高三層，紅牆黃瓦，金壁輝煌，至為壯觀，是為記載本村歷史，紀念創立本村之始祖也。更為建築道路，為村民出入孔道。凡茲所為，闢新紀錄，聊慰征人之所願焉。總計亞洲之遊，經歷二十九國，暨三個殖民地也。

(四)　阿非利加洲　　AFRICA

　　一九七八年孟秋，予作阿非利加洲之遊。先從印度洋(Indian Ocean)搭船，駛進紅海(Red Sea)，而入蘇彝士運河(Suez Canal)，登陸於東北非(N-E Africa)、埃及(Egypt)、突尼西亞(Tunisia)、利比亞(Libya)和蘇丹(Sudan)。一九七九年季夏，繼赴西北非 (N-W Africa)之摩洛哥(Morocco)、塞內加爾(Senegal)和馬利(Mali)。至一九八零年仲春，再赴中非 (Central Africa)之查德(Chad)、薩伊(Zaire)、尼日利亞(Nigeria)。是年季秋，再往東南非 (S-E Africa)之肯(Kenya)、坦桑尼亞(Tanzania)、辛巴布威(Zimbabwe)和南非共和國(Republic of South Africa)。一九八一年仲春，續到西南非(S-W Africa) 之象牙海岸(Ivory Coast) 、加納(Ghana)、喀麥隆(Comeroun)和剛果(Cango)。由一九七八年起，至一九八三年止，前赴阿非利加洲旅遊共計十八國家也。

一九八四年孟冬，予偕繼室陳氏，重赴非洲之埃及(Egypt)觀光，先到該國首都開羅(Cairo)，目睹基薩(Gizea)三座大金字塔(The Pyramids)排行矗立。由領隊引導，進法老王庫福大金字塔(The Tomb of Tutankhamun)。入口處甬道，由低漸高，從高而下，蜿蜒曲折，須彎身扶欄杆行。有電燈照明，無空氣調節。進入長方形墓室，空無艾物，僅餘石槨。金棺與"木乃伊"(Mummy)杳然弗見。再觀"獅身人首"像(The Sphinx of Gizea)，作跪臥形狀。經五千年風雨剝蝕，巋然獨存，寧非天下奇蹟？最饒趣緻者，則為大金字塔，舉行"聲光之夜"也。七彩幻燈，光芒閃爍；妙音嘹亮，節奏不同。燈光隨故事而明暗，音響從劇情而剛柔。聽歌聲之抑揚，聞韻調之頓挫，觀者可冥想其歷史源流也。翌日，乘車至虜克索(Luzor)參觀大神廟與別處山崖之帝王谷。再到南陲之亞布斯比爾(Abusibil)看日升廟。四座巨形佛像，從外邊地下，直至山巔而鑿成者。工程浩大，佛相莊嚴。五千年代古蹟，誠足留傳萬世也。

　　非洲雖有黑暗大陸之稱，適為古代文化搖籃。在整個宇宙而言，有五項事蹟，突出於世界者。埃及立國逾五千年。一也！撒哈拉大沙漠(The Sahara Desert)，西起大西洋岸，東至尼羅河邊，橫亙非洲北部，東西三千公里。二也！尼羅河 (TheNile River)， 南起北流，匯入地中海，長四千一百五十公里，為世界最長水道。三也！維多利亞瀑布 (The Victoria Falls)，流水量為世界最深廣者，冠冕全球。四也！金字塔(The Pyramids)，乃巨石築成之尖塔也，底為四方形，每面廣七百六十公尺；面為三角形，高四百九十公尺，巍峨壯觀，古今馳譽。五也！準此以觀，非洲洵值旅遊也夫！

（五） 大洋洲　OCEANIA

一九七六年春，予偕繼室陳氏，遄赴大洋洲旅遊，先到澳大利亞 (Australia)，遊觀大城市悉尼(Sydney)。半圓形大橋拱，為該城標誌。瀕海岸之悉尼歌劇院(The Opera House of Sydney)，乃世界著名弧形建築，藝術高超，無與倫比。余夫婦倆參加旅行團組織，曾詣音樂廳，聆聽交響樂隊演奏。復遊悉尼動物公園，觀察全球特產袋鼠(Kangaroo)，只屬該國所獨有者。首都坎培拉(Canberra)是花園城市。噴泉濺射，蔚為壯觀。南岸墨爾砵(Melbourn)有"新金山"之稱。別於美國加州三藩市(San Francisco)早期之"舊金山"而言者。而有後期之"新金山"發現，盛產金礦也。六十年代之世界奧林匹克運動會曾在該地舉辦焉。

一九八二年季夏，予重蒞大洋洲遄赴澳大利亞之凱恩斯(Cairns)遊觀。位於東北海岸之大堡礁(Great Barrie Reef)，長達一千三百餘公里，斯為全球最大珊瑚海，乃世界著名之海底珊瑚公園者。隨後南遊，蒞布里斯班(Brisbane)，此乃最新發展城市，高樓大廈，聳峙海濱。復至黃金海岸 (The Gold Coast)觀泳。群姝戲水，春色無邊，露臂袒胸，衝波逐浪。好一幅綠水清波，海國風光之畫圖也。

猶憶一九七六年，予夫婦倆，初遊大洋洲時，曾瀏覽澳大利亞暨新西蘭(New Zealand)二國。兩邦東西相隔，中隔塔斯曼海(Tasman Sea)，即達紐國北島(North Island)之屋克崙(Auckland)，此為最大商港，進出口貨根據地。該國地理環境，隔海分為南北兩大島嶼。漫遊北島之威靈頓(Wellington)，乃首都所在。觀羅托拉(Rotorad)之琉璜質噴泉，探維多磨(Waitomo)之螢光洞。既畢，續遊南島(South Island)矣。搭機飛越柯克山(Mt. Cook)雪峰，賞聖誕堂之美景。堪稱花園城市者。遊車所及，隨地羊群。並參觀該國遞年一度之剪羊毛節，一新旅客耳目焉。

原夫大洋洲者，僻處陲瀛寰。所轄國家，僅得澳大利亞與新西蘭兩國耳。得天獨厚，弗惹戰爭。海峽相離，和平共處。斯亦人間樂土，故有世外桃源之美譽也。予曾於一九七六年起，至一九八二年止，兩次前赴大洋洲，旅遊澳大利亞，暨新西蘭二個國家焉。放蕩南瀛，探幽選勝，釣奇誌異，記我遊蹤。

(六) 南極洲 THE ANTARCTIC REGIONS

一九八六年春，予屆暮年，遊興勃發，更作南極洲之行。從美國佛州(Florida)之邁阿密(Miami)搭機至中美

洲之巴拿馬(Panama)，再赴南美洲之智利(Chile)，重遊
該國首都聖地牙哥(Santiago)及瀕太平洋(Pacific Ocean)
沿岸各埠風光。終站則轉乘智利軍用飛機，此為唯一空
航，特載旅客者。航線南飛，越過麥哲倫海峽 (Strait
of Magellan)， 直抵南極圈 (The Antarctic Circle)內，
在東北隅之英皇喬治半島(King George Island)機場降落。
再乘直升機巡邏海岸島嶼焉。夫南極洲者，雖併稱為世
界六大洲之數，但暴風時速將達一百公里。氣候凜冽，
常在零下三十度。終年積雪，此乃不毛之地也。登陸上
之冰川，白色晶瑩。觀海面之冰山，玲瓏透剔。洵屬寰
宇最嚴寒之地區者。雖然世界各國均設探險隊，各皆建
立探險站於此，冀在冰雪大陸，能有新發現焉！中國亦
有長城觀測站之設，與列強並駕齊驅矣。

南極洲位於極圈(Polar Circle)南陲，縱目所至，全
是黑白色素大陸，亦夏長冬短之時令也。滿地冰川，皚
然霜雪。風威雲怒，隔絕人煙，恍若洪荒宇宙者。有
之，只屬海產動物，如企鵝、海豹、鷹鶚之類耳。盍不
見遊客之裝束乎？赤衣紅帽，棉服煖鞋。初踏遐荒，壯
遊絕域。此乃探險南極之旅客者。故有如此配備歟！

茲可記者，搭直升機巡邏海澨也，俯視岸邊，輒見
海豹蠢動，引類呼朋。狺然而鳴，雖屬相偕奔競，似嬉

31

戲而實角逐也。仰視天空，猛禽風翻。逍遙瀛海，掩蔽雲程。或隨舸舶而翱翔，或潛水而捕魚類。水冷冰寒，雲飄霧擁。旋風狂拂，落雪紛霏。斯為南極洲壯遊所見者也！

尤饒趣者，唯企鵝(Penguins)耳！此乃南極洲特產珍物。觀其狀，嘴長足短，背黑胸白，若內穿白襯衣，外套黑燕尾服，有紳士型風度也。何況，皮毛光滑，挺胸凸肚，搖擺而行，殊屬逗人喜愛。其性合群，聚族而居。當其聯隊遠遊也,潛泳碧波，魚蝦充食。斜陽將晚，又作歸程。但見甫踏岸上，排成一字形。其體形巨者，獨行在前，恍若指揮者然。一聲口令，列隊排行。秩然有序，如軍隊操演也者。

夫南極既有洲際稱號矣！地理環境，條件縈劣。既無獨立國家，鄉村與城市不存，人民及物質奇缺。徒見終年冰雪，狂起暴風。樹木全無，寸草不生，只得一塊空曠大陸耳！曷足以建立國家哉？未合格也。予雖壯遊蒞臨斯土。瀏覽許多特異風光。總而言之，只屬一個地區而已！征鴻超踏，南極蘚痕。幻境猶存，冰天雪地。

(七) 後言 THE LAST SOUND BY TRAVELLED

予作世界環遊，從一九六零年，以迄一九九零年。分為自由式與集體式兩種旅行，已歷三十年矣！

　　首遊阿美利加洲，作自由式旅遊。由一九六零年起，至一九九零年止。旅遊三十國家，暨十一個殖民地焉！

　　次遊歐羅巴洲，由一九七五年起，參加集體式旅遊，至一九八四年止。計有二十九個國家與一個殖民地焉！

　　第三遊亞細亞洲，從一九七七年起，至一九九零年止。共遊二十九國家，暨三個殖民地焉！

　　第四遊阿非利加洲，由一九七八年起，至一九八四年止，則有十八國家焉！

　　第五遊大洋洲，從一九七六年起，至一九八四年止，只得二個國家耳！

　　第六遊南極洲，曾於一九八六年壯遊者。該洲雖號稱大陸，尚無國家建立，僅屬一個地區耳！

　　綜計予之環遊世界也，由歲在庚子、一九六零年起，至時值庚午、一九九零年止。總數為一百零八國家，暨十五個殖民地焉。光陰過隙，屐跡留痕，已歷三十寒暑。為求追憶遊蹤，凡我認為風景優美，且饒古蹟者，筆之於書，聊備遺忘。詩詞與歌賦皆全，嘯詠與狂

吟俱備。否則，未愜予意者，捨之弗錄。此乃吾方寸所
決定者也。於是，環遊世界一百零八國家，暨十五個殖
民地者以備。

庚辰千禧年八五自傳詩

五言長篇

粵省台山籍，故居海晏鄉。

甲寅歲次曆，穀旦於西昌。

不侫譚金掌，詩書門第香。

垂髫小孺子，嬉戲跑街坊。

幼仰椿萱庇，恩深舐犢彰。

追思先祖妣，愷悌更慈祥。

繞膝含飴弄，承歡逸樂泱。

憶吾家阨窘，室內缺籠箱。

百計謀升斗，家君遂放洋。

予生甫八歲，求學入鄉庠。

頭角嶄然露，崢嶸迥異常。

春秋十六度，負笈台中牆。

35

敏捷才思顯，筆端稍露鋩。

古文經史讀，學海接津梁。

畢業三年滿，功完翰墨場。

名銜中學得，實足愜心腸。

大學雖吾願，門高極緲茫。

獻身服教育，砥礪在書房。

振鐸登壇立，誨人不厭詳。

春風吹杏李，化雨沾桃楊。

味淡菜根咬，詩畫彙滿箱。

訓蒙十六載，粉筆已頻嘗。

講學培多士，文風蔚濟蹌。

冰生凝凍水，天曙露微芒。

教學互因應，弘文儒道匡。

為師身作則，良賈慎相藏。

處世明廉恥，桓威氣節剛。

人情諳練達，弭除意忸怩。

進德而修業，持躬循紀綱。

襟懷現洒落，風度漸優良。

馬引娣元配，同心結鳳凰。

余年方二十，家室盡堪當。

奠雁成嘉禮，婚筵鼓樂鏜。

珠聯欣璧合，淑女適才郎。

嫵婉而嫻靜，閨中粉黛妝。

文翰素練習，針線繡花黃。

琴瑟諧佳偶，清貧繫鎖鐺。

食甘藜藿味，夫婦風範颺。

有兆熊羆夢，投懷喜弄璋。

萬般有子樂，跨灶肯構揚。

懿範著閭里，春鸝栖翠篁。

敬夫與教子，賢淑見端莊。

出國雄心振，帆懸百尺檣。

時機分泰否，炎熱轉清涼。

庚辰千禧年八六自傳詩

五言短篇

肩負興家責，振吾兩臂膀。

教鞭隨手擲，舍學轉從商。

喬梓庭前立，和聲共引吭。

何圖天不弔，浩劫降餘殃。

倉卒遭災禍，泣啼淚滿裳。

罡風吹北斗，椿樹倒墀傍。

維我先君烈，人謀胡不藏。

飄零卅二載，賷志未旋唐。

陟岵堪悲切，逡巡在北邙。

主恩無報答，悚慄太彷徨。

痛抱終天憾，崦嵫掩夕陽。

蓼莪篇廢讀，孤子哭憂傷。

淚盡春暉調，改絃換管簧。

洪京自創業，擘劃細思量。

萬丈雄心振，乘時發自強。

黎明天欲曙，日出見晴暘。

憤發壯懷烈，英風正激昂。

堅貞抱不屈，立志堅如鋼。

試帖體六首　七言八聯八韻

一

春溫秋肅亦堪描

人情反覆無謙讓，世事紛紜有嚷囂。
敦睦淳風惟進德，繞漓薄俗豈關韶。
正途坦蕩探奇蹟，邪道猖狂出絕招。
夙昔唱歌崇古典，而今跳舞尚新潮。
喊嘈樂調捱清夜，蓬拆鼓聲蕩碧霄。
白臉長鬚方爛縵，紅粧短髮更妖嬈。
靈光顯赫冰魂聚，戾氣迷濛雪魄銷。
斗轉參橫偏惹感，春溫秋肅亦堪描。

二

大雪紛飛傲骨梅

東海晨曦紅日現，西山暮景白雲開。

野途淫滑霜沾蘚，斜徑清幽露染苔。

繡帶飛虹漂暴雨，彩綃閃電吼驚雷。

潮流激動盈衷振，環境轉移壯志恢。

嶠嶺秋涼鴻散去，江湖春暖燕歸來。

應時朗誦詩千卷，適世閒談酒一杯。

鐸館征夫何足樂，岑樓怨婦亦堪哀。

微風吹拂虛心竹，大雪紛飛傲骨梅。

三

悵望河山半壁紅

追憶此生浮浦梗，劇憐今世散林風。

塞邊起舞迎風鶴，江畔迴翔帶月鴻。

白日氤氳凝碧落，青雲靉靆聚玄空。

尊賢篤學聲聞遠，蓄德崇文氣勢雄。

俊傑洵能匡古道，英豪信可竟全功。

海棠葉缺思無極，梅萼花稀感不窮。

玉宇猶存天象裏，金甌已破地圖中。

登臨關嶽千疇綠，悵望河山半壁紅。

四

征人踏過小橋西

秋光漸肅金風爽，冬令嚴寒玉露淒。

紫蝶翻翩青草岸，黃鸝婉囀綠楊堤。

千重關嶽尋歸路，萬里嬴寰越瀆溪。

暴雨淋漓萍逐水，狂飆振拂絮沾泥。

夷方震蕩長羈旅，異域流連永寄棲。

遠道追奔幼執杖，長途跋涉老扶藜。

深林投止鴻留爪，曠夜馳騁馬印蹄。

遊客趨離幽徑北，征人踏過小橋西。

五

今生未許享繁華

書林諷讀時光迫，藝苑耕耘歲序遐。

詞韻悠揚呈異彩，詩聲婉囀放奇葩。

戍兵屢見關中月，屯旅常聞塞外笳。

江北弟兄敲鐵板，嶺南父老擊銅琶。

青郊蹀躞沾晨露，綠野流連醉晚霞。

白晝淒清驚斷雁，黃昏寂寞點寒鴉。

狂風震盪嘆飛絮，暴雨滂沱惜落花。

前世莫非安淡泊，今生未許享繁華。

六

冷暖人情感莫禁

萬壑朝霞雲縹緲，千巖霧靄月陰沉。

殘陽已落青山暗，老境將臨白髮侵。

南野濃霜聞夜漏，北郊薄霧擣秋砧。

猿啼巫峽休回首，船過長江最動心。

夕氣蕭森眠凍榻，曉風肅瑟擁寒衾。

胸懷悱惻談新舊，肺腑纏綿論古今。

雅韻徽音搖膝詠，清辭妙句撚鬚吟。

酸鹹世味愁難解，冷暖人情感莫禁。

"七言試帖體"續一

七

恩怨分明苦亦甘

鴻鵠騰空離漠北，鯤鵬得路到江南。

物華天寶良辰現，人傑地靈勝景探。

楚岫重巒山帶碧，吳川淺渚水拖藍。

文章振古琴書潤，學問求新筆墨酣。

妙句徽辭添雅興，遺聞軼事供清談。

騷壇盟會詩為樂，雅集躬逢酒是耽。

今世思量心曷慊，此生自反影何慚。

正邪迴別歡和怒，恩怨分明苦亦甘。

八

先君冥誕百周年

己巳先君義清譚公冥誕一百周年

My deceased father Mr. Philip Ham a birthday to

One hundred years memorial　1889-1989

Progreso, Honduras, Central America

青山峻峭迷心曲，綠水奔流映眼邊。

春雨迷濛翩冷蝶，秋風蕭颯咽寒蟬。

古堤楊柳飄晨靄，野岸梧桐拂晚煙。

時局紛紜塵網繞，天機奧妙夢魂牽。

但聞五典彰前哲，卻說三綱啟後賢。

宏國棲持思激烈，美洲寄跡願彌堅。

遺留德業常懷記，追憶音容得所傳。

顯考懸弧一世紀，先君冥誕百周年。

九

更闌咽恨誄長篇

庚午先室悼念二十周年 1970-1990

朝霞縹緲翩風蝶，暮靄蒼茫噪露蟬。

淡雨斜陽荒草地，殘雲流水落花天。

憐卿怛化仲春節，嘆我鼓盆庚戌年。

伉儷恩情沉碧海，糟糠道義鎖青煙。

廿年常念漆膠固，半世寧忘金石堅。

追憶遺容魂有約，緬懷閫範夢無緣。

寒燈照影慵思臥，斗室羈身倦欲眠。

夜靜含悲牽往事，更闌咽恨誄長篇。

"七言試帖體"續二

十

晚年遁跡豈消磨

蒼涼弄笛陽關曲，激楚吹簫易水歌。

中外盛衰懷故里，古今興廢掩銅駝。

遼東百旅朝吹角，渭北三軍夕枕戈。

鄉夢婆娑新歲月，國魂繚繞舊山河。

春溫細雨傷流景，秋肅繁霜感逝波。

對影堪憐人已老，藏身又惜鬢將皤。

聯吟適可還詩債，獨醉何曾驅酒魔。

曩日啼痕常記憶，晚年遁跡豈消磨。

十一

卻笑人間已白頭

日出金光朝霧散，月恆清影暮雲收。

楓林秋水紅將滴，柳岸春山翠欲流。

赤膽忠誠懷故國，丹心義俠繫神州。

經年遐想前程渺，徹夜凝思舊夢悠。

談古搜奇常攬勝，論今誌異復尋幽。

天涯迤邐乘車駛，海角逍遙放棹遊。

滿腹豪情何所隱，澆胸壯志曷嘗休。

堪憐世上邀青眼，卻笑人間已白頭。

十二

博士明銜頒妙辭

癸酉長子長男孫榮獲邁阿密大學醫學博士學位

My first grandson Angel Andres Ham, M.P. per graduated in
University of Miami, School of Medicine Jackson Memorial
Hospital 1985, and New York University Medical Center,
Mosthesilon Residence at 1993

八載求知兩大學，四年實習作醫師。

安民素願纏相得，濟世為懷定適宜。

春滿杏林垂露葉，泉清橘井拂雲枝。

守經由義凌霜節，抱道居仁傲雪姿。

言語中西隨俗尚，感情內外攝威儀。

趨奇特異潮流改，競巧攸同歲序移。

際會遭逢應審慎，機緣趁便益凝思。

鵬程萬里臨佳境，博士頭銜頒妙辭。

"七言試帖體" 續三

十三

甲戌八十壽誕寄懷

A birthday to age eighty years at 1994

虎嘯深林驚半夜，龍吟滄海震通宵。

凝眸異地青山遠，舉首遐荒綠水遙。

春色晶瑩朝霧散，秋光爽朗晚霞彫。

素懷坦蕩除煩惱，逸態溫文解寂寥。

今世折磨魂欲斷，此生偃蹇夢曾銷。

騷人本色詩千首，墨客風流酒一瓢。

蓄念前賢崇道範，潛思往哲仰清標。

古稀暮歲杖於國，八秩耆年立在朝。

十四

乙亥悼念繼室哀辭

In remembrance of my second wife Singwan Chan Ham,
For CCondolence at 1995

瞻彼盈坡留綠竹，念茲涯岸伐丹楓。

穹中霹靂雷聲響，宇內陰沉日影朦。

瞻彼盈坡留綠竹，念茲涯岸伐丹楓。

穹中霹靂雷聲響，宇內陰沉日影朦。

陡起狂風吹泊梗，驟臨暴雨洒飄蓬。

今生追憶前程杳，此際縈懷舊夢空。

曾歷始回全缺月，又經次度沒殘虹。

誰憐苦楚蒼顏婦，我感悽涼白髮翁。

慘受餘殃緣也盡，哀逢厄禍命兮終。

凝看碧落悲零雁，永隔幽冥泣斷鴻。

53

十五

嫁娶曾經兩度春

To Marry already for the second Spring

落拓殊方愁困阨，飄零異域憾沉淪。

夕陽飛絮嗟回首，流水落花嘆此身。

匹偶糟糠懷舊侶，續婚箕帚念新人。

前因指示虛成幻，後果安排假亦真。

鶴唳傷情嘗苦辣，鵑啼X恨咽酸辛。

微言豈可驚風雨，默禱何能泣鬼神。

開卷易明思遠夢，閉門養晦憶前程。

姻緣註定半生劫，嫁娶曾經兩度春。

五言試帖體 十一首

一

今世樂清閒

卓拔乾坤內，　軒昂天地間。

秋涼霜氣濃，　夏熱雨聲潺。

超踏青雲嶺，　泛遊綠水灣。

從容情往復，　鎮靜意迴環。

壯志看胡月，　雄心度漢關。

耆年探北狄，　耄歲訪南蠻。

何幸蒼顏赭，　又逢白髮斑。

此生甘淡泊，　今世樂清閒。

二

過後尚何求

渡海三篙水，　放洋一葉舟。

和風噓北闕，　甘雨沃南疇。

放蕩居夷地，　奔馳在美洲。

彩橋虹作伴，　丹桂月為儔。

塞城凌霜雁，　江濱逐浪鷗。

凝觀紅日近，　諦視白雲留。

俯首殊性感，　捫心孰謂憂。

當前償所欲，　過後尚何求。

三

醉吟酒債添

荒村浮霧灘，古道結霜嚴。

懷念鄉愁迫，深思世局險。

潔身惟篤厚，傳世務清廉。

得志風雲動，論交雨露沾。

拈題搔白髮，覓句撚蒼髯。

難得三多備，易求四美兼。

欣逢君不棄，暢敘我何嫌。

長詠詩魂聚，醉吟酒債添。

四

懶得問榮枯

縱目星光熠，檯頭月色鋪。

登山趨捷徑，越嶺踱迷途。

涉世殃前累，浮生劫後呼。

修身弘器識，蓄德立規模。

養性研詞賦，虛懷讀畫圖。

品評捫肺腑，歌詠撚髯鬚。

顧影窺今我，臨流視昔吾。

何須探得失，懶得問榮枯。

五

人海慣浮沉

俗慮奚能遣，清談卻莫禁。

儒生投藝苑，雅士薈文林。

學派容新舊，騷壇洽古今。

攤詞搖舌詠，覓句叉腰吟。

意緒牽愁遠，情緣惹恨深。

滿城吹夜笛，眾戶擣秋砧。

夷域時光迫，桑榆歲月侵。

世途頻俯仰，人海慣浮沉。

六

何必問瑕瑜

易曰從風虎，書云伏櫪駒。

修身茲砥礪，浴德立廉隅。

綠竹凌霜葉，紅梅傲雪株。

翱翔雲裏雁，紡織網中蛛。

藝苑隨幼學，文壇仰宿儒。

全真智若拙，抱道巧非愚。

羨汝三分膽，慚吾六尺軀。

只求分善惡，何必問瑕瑜。

七

白天夢已銷

消煩開意蕊，滌慮苗心苗。

諷誦詩盈篋，醇醪酒滿瓢。

相看珠海月，泛覽浙江潮。

昏暗煙雲掩，晦明風雨瀟。

命途嘆落索，時務感飄搖。

炎熱人思靜，苦寒樹欲凋。

春光何黯淡，秋色太蕭條。

黑夜魂初斷，白天夢已銷。

八

飄零客況催

藏身雲作伴，顧影月相陪。

畫閣橫簫弄，瓊樓短笛吹。

春霞籠綠蘚，夏雨漂青苔。

曾折旗亭柳，慣看鐸苑梅。

秋涼驅熱浪，冬煖熨寒灰。

墜絮隨風去，浮萍逐水來。

花搖皆落索，蝶舞獨徘徊。

寂寞鄉愁湧，飄零客況催。

九

敬宗志益恢

(西昌紀念會館落成喜賦)

西昌紀念館，乙亥落成哉。

碧昊雲霞伴，蒼穹日夜陪。

南箕現復散，北斗隱猶開。

消暑風吹打，耐寒雪映梅。

飛虹漂夏雨，馳電吼春雷。

博覽鄉情溢，遠遊客夢催。

枌榆培俊彥，桑梓育英才。

睦族心彌振，敬宗志益恢。

十

花落水流紅

放浪江湖裏，居停逆旅中。

野途浮斷梗，滄海逐飛蓬。

躑躅雙肩露，漂流兩袖風。

檯頭看碧落，縱眼望蒼穹。

欲想承平業，還期造化功。

半生嘆命舛，末世怨時窮。

遐想前程渺，緬懷舊夢空。

林搖山擁翠，花落水流紅。

十一

孤影對寒衾

得失爭朝夕，興亡論古今。

因時乃嘯詠，感事輒狂吟。

宇宙風雲變，山川雨露侵。

飄流情莫補，落拓夢難尋。

悵惘思無限，迷離慮不禁。

晴暉趨淡蕩，曙色漸浮陰。

今世災奚避，此生劫已臨。

殘燈照凍榻，孤影對寒衾。

迎接九七香港回歸十聯 （魁斗格）

一

回吾祖國香江地，
還我中華島嶼歸。

二

回收港島千秋業，
恢復神州一統歸。

三

回航舸艦巡瀛宇，
渡海輕舟鼓浪歸。

四

回頭是岸真吾土，
放眼殖民伴我歸。

五

回復主權維國土，
保存正義踏花歸。

六

回轉雄風香霧現，
發揚正氣彩雲歸。

七

回思桑梓天涯遠，
蓄念枌榆海外歸。

八

回鄉探訪情何急，
返國遊觀意欲歸。

九

回文詩體人聲誦，
故宅堂中燕語歸。

十

回雁峰前湘水滾，
征鴻陣過太湖歸。

戊辰歸國並還鄉十聯　(魁斗格)

一

歸兮欲見桑榆景，
急矣組團故里回。

二

歸看故國山河貌
乘搭航機香港回

三

歸祭祖宗墳墓也，
西昌紀念館招回。

四

歸家剛食團年飯，
趁市又嘗春酒回。

五

歸遊寰宇含情悅，
登上長城帶笑回。

六

歸國騁懷遊子願，
征途游目逐風回。

七

歸來未晚鄉心近，
遊跡牽縈客夢回。

八

歸川東匯迴旋湧，
塞雁南飛得意回。

九

歸鞭敲醒鄉關夢，
託足謀生海外回。

十

歸客高超鴻引去，
騷人飄逸燕重回。

周千秋梁粲纓伉儷
世界藝壇大師頌詞
七言古風長篇

一

吾粵番順兩巨邑，冠蓋京華珠履集。

風雅相傳古涵今，文林卷帙字畫輯。

趙佗城闕沖斗牛，薈萃珠江三角洲。

鍾靈毓秀文風盛，周梁伉儷挾藝遊。

憶昔倭寇逞蠻侵，周子從戎抵桂林。

梁女避地繼學業，愛神招手遇知音。

蘭蕙聯芳種瑤圃，鸞鳳和鳴空中舞。

良緣好合證三生，黔省貴陽盟鴛譜。

積厚流光永無疆，天眷斯民毓禎祥。

誕生齊武寧馨子，四川成都喜弄璋。

我國對日奮抗戰，大江南北奔雷電。

原子彈投賴盟軍，八年贏得和平見。

江山改容惟追憶，珂里故園思無極。

爹娘挈兒返嶺南，最欣後代能認識。

白雲縹緲影芸窗，紅棉挺拔氣勢龐。

國際中華美術院，開辦授徒在香江。

二

鴻雁南飛棲梧桐，桃李成蹊香島中。

弟子國籍逾四十，門人三千足稱雄。

天邊彩虹惹妙悟，煙雲筆墨允獨步。

師生摹寫春復秋，聯合展覽歷四度。

春風嬝娜雲橫檻，秋色晶瑩涼未減。

圍觀畫堂歡呼聲，即席揮毫來示範。

天地交泰萬象新，輕歌妙舞吻香唇。

繾綣同心聯鳳侶，齊武寶珊締婚姻。

藝苑英才原有種，筆陣縱橫若逞勇。

宣紙徽墨是生涯，胸懷放蕩如潮湧。

山光水色自然佳，畫意詩情寄雅懷。

子媳留美成博士，芝蘭玉樹燦庭階。

詩壇瑰寶仰清標，胸藏丘壑堪易描。

畫展紐約機場內，環球公司熱情邀。

有幸夷方漸喜愛，中華國粹傳後代。

紐約時報派訪員，特寫專欄來記載。

三

風雲際會一聲雷，老圃秀苗易成栽。

周梁訪美詳報導，紐約市區電視台。

精巧畫圖融清景，逸格空靈惟恬靜。

好來塢區製片商，拍成教育科電影。

美國華達書業客，出版周梁繪手澤。

英文畫本遍全球，行銷各地百萬冊。

歐美演講吐奇芬，措詞立意共論文。

上庠揮毫留韻事，疑團頓解識此君。

華裔畫師設色艷，美國科技証明驗。

登陸月球遊太空，特繪圖形為紀念。

周師神韻翡翠翎，飛禽走獸似流星。

世界六洲晚年盡，臨摹風雪月露形。

梁師腕健迫鬚眉，學習二王暨漢碑。

花卉擅場氣磅礴，字畫豪邁墨淋漓。

河山帶礪日月照，文物衣冠皆畫料。

美國獨立二百年，首都匝歲陳列妙。

四

國畫進階凌光炯，　　筆鋒獨特俱秀挺。

浩然正氣塞乾坤，　　台灣褒揚獲金鼎。

庶民外交宇宙間，　　藝術交流任往還。

文彩風流詩書畫，　　奧斯卡獎意國頒。

漫遊寰宇作長征，　　定居佛州擇邁城。

英美入選名人錄，　　周梁夫婦享殊榮。

中華文化國際館，　　承邀歸粵豈容緩。

巡迴展覽太匆忙，　　贈畫留念並題款。

繪畫彩色丹青緣，　　精研美術志益堅。

周家畫譜存秘訣，　　媳婦寶珊得薪傳。

夫唱婦隨存勁節，　　志同道合情懷悅。

藝壇宗匠稱兩師，　　卷軸掛圖留芳潔。

傲雪蒼松和綠竹，　　老梅花萼清芬馥。

兒媳孫輩齊歸家，　　滿堂吉慶金婚祝。

南極寫生志氣高，　　不畏冰雪捲怒濤。

千秋詩畫粲纓字，　　一對璧人振風騷。

詩 鐘 Poems Bell
紐約四海詩社主辦徵聯

海年六唱十聯 （鳧脛格）

一

埃佛勒宮超海拔，
洪荒代遠復年湮。

二

半世萍飄棲海外，
終生梗逐在年著。

三

仁壽計籌添海屋，
山崖植樹數年輪。

四

適意山盟和海誓，
鍾情貌美趁年青。

五

勘察地形尋海眼，
相逢歲尾又年頭。

六

故國承平期海內，
闔家歡聚過年關。

七

夏至怒潮聞海嘯，
春分佳景兆年豐。

八

辭句雲垂趨海立，
氣氛霧掩廣年長。

九

碧水南屏浮海景，
蕭齋漬墨惜年華。

十

踏遍天涯連海角，
問完姓氏又年庚。

海年一唱十聯 （鳳冠格）

一

海內承平同所願，
年關在近共開懷。

二

海宇澄清惟激勵，
年青活潑更謙沖。

三

海角天涯看夏色，
年宵月夜賞春光。

四

海客談瀛饒怪異，
年華似水廣傳聞。

五

海上金風吹雁陣，
年間喜雨灑鷗群。

六

海誓山盟相愛戀，
年長日久結情緣。

七

海量汪涵君子德，
年當大任善人風。

八

海闊天空群鳥爽，
年臨春令百花妍。

九

海軟風柔遊水域，
年高德薄隱山林。

十

海外飄流棲美國，
年中放蕩別神州。

一九九三年十二月歲在癸酉季冬
台山譚麗泉敬撰於美國佛州邁阿密市

不丹首都普秀嶺山路駛車素描 七絕二首

一	二
蒼林滴翠霧煙濃，	山道崎嶇著意看，
磴道梵宮隱碧峰。	客車疾駛過層巒。
周覽不丹公路線，	青巖翠嶺圍腰帶，
翻山越嶺若遊龍。	公路蜿蜒在不丹。

泰國首都曼谷遊蹤 七絕二首

一	二
黃金屋頂廟增榮，	曼谷市場水上通，
和尚化緣擊缽聲。	輕舟小販互相融。
佛教允稱白象國，	屋前階石河邊浴，
東南亞地米倉名。	男女風情浪漫中。

新加坡首都夜間大牌檔食攤景觀

七絕二首

一

蠻煙荒草近漁村，
半島水湄月色渾。
熱帶風光楊柳岸，
花園城市綠陰繁。

二

晝熱天時夜漸涼，
大牌檔食味噴香。
霓虹燈照全墟集，
絡繹老饕坐滿場。

馬來西亞檳榔嶼遊覽神秘蛇廟 七絕二首

一

檳城蛇廟太神奇，
痕跡去來只自知。
五色爛斑踞案板，
繞纏盤景幾曾移。

二

蛇廟全球獨此間，
氣氛神秘染塵寰。
檳城海島名聲響，
遊客紛紜數度攀。

菲律賓馬尼拉遊展 七絕二首

一

千島之邦菲律賓，
港灣城內惠風頻。
羅斯大道馬尼拉，
椰樹棕櫚雨露均。

二

菲國夏都是碧瑤，
山城避暑度良宵。
客車頻駛關津嶺，
瀑布流泉未得描。

世界旅遊雜詠 七絕十首

一

雲海無垠翠倚空，
大鵬展翅掠蒼穹。
人間際會臨天上，
疑是逍遙在月宮。

二

千層雲疊滿天封，
鐵鳥沖飛上九重。
過眼煙霞浮幻影，
東升旭日活神龍。

三

碧海輕舟插綵旌，
乘風破浪渡浮瀛。
鳶飛魚躍存天韻，
攬秀探奇話遠征。

四

趲赴旅程曙色催，
分花折柳登春台。
吾生本是飄流客，
萬水千山遠地來。

五

半巖林壑霧雲消，
湖海波瀾帶雨潮。
仁者樂山智悅水，
但求閒適看漁樵。

六

翰墨生涯士大夫，
風流自賞跑江湖。
遍遊宇內觀奇景，
不讓丹青好畫圖。

七

旅途遼遠踏芒鞋，
異地流連景象佳。
詞客襟懷超物外，
縱情瀏覽喜無涯。

八

峻嶺奇峰出岫雲，
征旗飄拂映斜曛。
披星戴月渾閒事，
世界環遊廣見聞。

九

際遇相逢樂此身，
奔馳異地挹征塵。
采風問俗觀光客，
列國周遊若比鄰。

十

萬里歸程煙水寒，
行吟雅士道心安。
半生浪蕩風塵裏，
記述遊蹤醉後看。

癸卯人情漫興 五絕 二十五首

一

人心期振奮，
成敗將垂訓。
國粹賴弘揚，
文章關氣韻。

二

端人應坦率，
衛道崇儒術。
傲雪耐嚴霜，
虯松冰玉質。

三

自立求溫飽，
生存憑技巧。
如斯卓異材，
不愧庸中佼。

四

願君能自覺，
逋客超河岳。
斷梗逐浮萍，
天涯聞鼓角。

五

隱惡而揚善，
言談須實現。
頭童齒豁翁，
秘惜流光轉。

六

名韁和利鎖，
縱論非由我。
決策執其中，
模稜戒兩可。

七

浮生如大夢，
禍福應從眾。
處世當隨緣，
何須偏巧弄。

八

清濁分涇渭，
修身聊自慰。
晚年閱世深，
漸識愁滋味。

九

時間何短暫，
責任宜承擔。
絢爛憶當年，
餘生趨冷淡。

十

征程隨眾踏，
思念多龐雜。
世事似楸秤，
人焉意欲嗒。

十 一

屨印留阡陌，
殊方由選擇。
奔波落魄人，
處世無良策。

十 二

高士琴書潤，
言行彌謹慎。
誤臨脂粉叢，
最怕風流陣。

十 三

君子唯行健，
對人無宿怨。
因時不利兮，
辜負平生願。

十 四

磨光與刮垢，
動靜渾無咎。
處變渡迷津，
何來外物誘。

十 五

雲煙籠海嶠，
日落餘暉照。
鳩拙愧營巢，
白頭奚怕笑。

十 六

鴉鳴混鵲噪，
聲若來強盜。
可惡世間人，
受恩胡不報。

十七

生平經苦樂，
世態人情薄。
異器別薰蕕，
藏真唯嫉惡。

十八

酒闌逢燭盡，
情意相牽引。
撤席復開筵，
慢談歡且忍。

十九

相持戒鷸蚌，
妄語何須講。
自勵敦平生，
逢人厭說項。

二十

徒憑血氣勇，
成敗不旋踵。
世變滾狂流，
懶談始作俑。

廿一

虛懷思萬物，
道理豈容屈。
管鮑可同心，
雲胡爾又不。

廿二

征途何邈遠，
命裏猶拘蹇。
遐想故人情，
幽懷無繾綣。

廿三

處世應融洽，
昂揚志不怯。
持平守正人，
鎮靜防威劫。

廿四

持盈畏失陷，
內省明心鑑。
世事太迷離，
求全惟自懺。

廿五

立志宜雄偉，
因何而掉尾。
人頭若畜鳴，
在世亦猶鬼。

加州三藩市暨海灣長橋乘車行 七絕二首

一

美西水道海迢遙，

潮汐汛來霧靄飄。

雄居三藩如鎖鑰，

太平洋岸金門橋。

二

橫連全港跨西東，

十里灣橋似彩虹。

車水馬龍常絡繹，

美人技巧奪天工。

賓州費城獨立紀念堂自由鐘訪古
七絕二首

一

抗英專制歷春秋，

士氣如虹沖斗牛。

爭取自由和獨立，

聯邦政府十三州。

二

朝霞暮靄萃奇峰，

活潑輕鬆矯若龍。

聯合宣言頒布後，

美邦敲響自由鐘。

密州聖路易士大圓拱門遠眺 七絕二首

一

美邦氣運逐星移，
綠竹紅梅展嫩枝。
圓拱大門通內地，
西陲開發順天時。

二

芳園百卉樹玲瓏，
秋月春風客夢中。
聳立密州河畔處，
我曾登上大圓穹。

科州丹佛巖嶺遠眺 七絕二首

一

山脈綿延月滿州，
美加縱貫拱平疇。
終年酷冷飄飛絮，
夜色蒼茫幾點秋。

二

快路宛延駛幾重，
落磯山頂白雲封。
科州竣嶺看丹佛，
炎夏屆時雪未溶。

紐英崙偕繼室遊看秋色 七絕二首

一

碧水蒼煙未易描，
霜凝露結玉驄驕。
楓林染赤歸來晚，
縱眼頻觀解寂寥。

二

景色宜人肅氣融，
寒雲淡月影搖風。
北州隨處秋光艷，
紅葉紛飛九野叢。

中國首都北京市旅遊 七絕二首

一

黛綠近郊翡翠屏，
邦畿遠視數峰青。
西山古刹碧雲寺，
國父孫公衣冠亭。

二

結伴還鄉鷗鷺盟，
周遊故國慰平生。
北京城下防空洞，
開放迷途曲折行。

上海市遊覽掠影 七絕二首

一

西風蕭颯逐飄蓬，
黃浦江頭濁浪中。
冒險樂園無畏縮，
人心善惡豈相同。

二

閱歷世途變幻情，
外灘角逐效鳴嚶。
漫遊繁盛南京路，
我國素稱最大城。

天津市風貌 七絕二首

一

北方商港夙繁榮，
渤海深灣早蜚聲。
奇異招牌狗不理，
長街喫店也聞名。

二

水上公園越陌阡，
津門景色任流連。
曉風殘月秋聲裏，
文化街頭黯淡天。

登萬里長城 七絕二首

一

臨洮迤邐迄遼東，
塞外胡塵月影矇。
越嶺虯龍騰朔漠，
中原保衛立奇功。

二

戍樓高聳曉風縈，
峭壁懸崖地籟聲。
關險居庸八達嶺，
吾偕繼婦登長城。

北京市仿建大觀園探遊 七絕二首

一

男女鍾情巧笑聲，
眾星孤月互相明。
清朝說部紅樓夢，
疑幻作真記北京。

二

層樓聳翠燦芳原，
仿古建成南北軒。
典雅豪華饒勝概，
欣然遊覽大觀園。

92

南太平洋群島列國遍遊 七絕二首

一

環島泛舟泊岸邊，
春潮帶雨浪花妍。
近觀奇景珊瑚海，
棕影椰風月滿天。

二

碧海輕波一葉舟，
迴翔狎水見閒鷗。
曙光掩映朝陽起，
南太平洋島國遊。

南太平洋曲克島觀日落 七絕二首

一

美景良辰紫氣臨，
南溟眺望白雲深。
椰林雜樹風飄拂，
海上蒼茫日影沉。

二

風恬浪靜泊孤舟，
碧海黃昏月暗浮。
南太平洋曲克島，
仰看日落暮雲收。

南太平洋斐濟土著蹈火坑 七絕二首

一

南太平洋斐濟人，
島居浪漫太天真。
黃昏月色土風舞，
男女雍容不染塵。

二

遊人傍晚繞場中，
炭火乾柴烈焰紅。
土著數名徒赤足，
昂然蹈過逐涼風。

墨西哥阿卡普爾科岩頂土著跳海表演

七絕二首

一

絕技驚人酉款型，
懸崖極頂滿山青。
凌空一躍潛滄海，
水底浮遊再現形。

二

墨國邊陲近海灣，
風光秀麗染塵寰。
太平洋畔西方處，
降落傘臨滑水間。

古巴首都夏灣拿赤道夜總會演劇

七絕二首

一

舞榭樓台樹頂間，
天然景象現塵寰。
笙歌嘹亮遍南北，
秀色可餐解醉顏。

二

園林樹木拂涼風，
夜色繽紛映綠叢。
鼓樂琴弦聞遠近，
霓虹燈管熠西東。

南極洲壯遊 七絕四首

一

初踏遐荒南極洲，
海空航線拔其尤。
吾生在世探奇蹟，
晚境猶曾作壯遊。

二

征途極圈豈尋常，
大雪颱風冷欲僵。
喬治地形成半島，
軍航降落小機場。

三

滿天風雪蓋山巖，
絮帽棉鞋暖赤衫。
裝備如斯探險客，
別饒興趣不平凡。

四

踏過冰層映雪歸，
暴風乍起越空圍。
全球疆域六洲數，
南極美歐亞大非。

南極洲風光錄 七絕二首

一

人稀地僻鮮塵氛，
積雪冰川映白雲。
時速暴風超百里，
飛沙走石掩斜曛。

二

南陬絕域擁遙嵐，
雪壓冰封素色參。
中國長城觀測站，
華僑關注共清談。

世界冰庫南極洲 七絕二首

一

終年落雪刮狂風，
陸地素玄映彩虹。
透徹冰山涵碧色，
旋流浮動海洋通。

二

峭風飄雪發雷霆，
仰視蒼穹幾點星。
如此江山頻變幻，
嚴寒氣象太奇型。

南極洲海濱看企鵝群 七絕二首

一

浮海樂群浴碧波，
逗人景象唧聲和。
寰球特產為珍物，
遊客遠來看企鵝。

二

襯衣著備白玲瓏，
搖擺行藏海岸中。
外套色玄燕尾服，
縉紳儀態恰相同。

印度洋從遊 七絕二首

一

逐浪乘風印度洋，
東西航運樂無邊。
閒談面積全球線，
穩奪季軍水域長。

二

亞澳非洲環繞中，
天邊水道映長虹。
縱眸印度洋閒望，
冬夏各吹貿易風。

印度首都新德里騎象紀趣 七絕二首

一

龐然大物獸中王，
金絡錦垂絢飾裝。
印度風光新德里，
我曾騎象未能忘。

二

嘴尖齒突現奇姿，
長鼻屈伸戲水時。
兩耳搖風蒲扇拂，
背寬架坐供驅馳。

印度大吉嶺風景線 七絕二首

一

皚雪經年蓋遠峰，
火車狹軌似游龍。
高低來往盤旋轉，
山頂交通過幾重。

二

雲霞掩映午陰涼，
巖壑芳叢綠滿疆。
戴帽攜筐登峻嶺，
歌謠對答採茶娘。

印度克什米爾首府斯利那加形勝

七絕二首

一

翠嶺青峰入畫圖，

河山秀麗好歡呼。

清波瀲灩泛遊艇，

五彩繽紛春滿湖。

二

碧堤人過影隨形，

夾岸蔥蘢樹色青。

遊客流連來遠道，

湖中船屋作居停。

印度人弄蛇速寫 七絕二首

一

布帶纏頭印度人，

鬚如劍戟縕袍身。

弄蛇小技娛遊客，

落魄件湖染俗塵。

二

印度風情稍近邪，

途人擁聚紫雲遮。

但聞吹響葫蘆笛，

昂首挺腰眼鏡蛇。

遊覽加拿大溫哥華史丹利公園 七絕二首

一

雲霞掩映翠含煙，
妊紫嫣紅秀色妍。
時節初秋遊綠野，
風光明媚樂無邊。

二

樹木蔥蘢草似茵，
百花如錦競芳辰。
公園美景史丹利，
溫埠菁華氣象新。

加拿大尼加拉瀑布邊陲觀瀑 七絕二首

一

尼加瀑布滾長流，
浩蕩神奇震美洲。
百丈斷崖懸白鏈，
晴霞濕霧景光浮。

二

咆吼水聲帶雨來，
奔騰衝激彩虹開。
夜間燈色波光閃，
觀瀑人登瞭望台。

登加拿大多倫多世界最高CN塔觀光暨夜晏旋轉餐廳 七絕二首

一

安大略湖綠水前，

多城柱塔插青天。

一千八百尺高聳，

無限風光景物妍。

二

半弦秋月影玲瓏，

旋轉餐廳在塔中。

九十分鐘環一匝，

凌虛夜宴望蒼穹。

北美洲北極圈格陵蘭看冰川 七絕二首

一

嚴寒北極望晴空，
縹緲蔚藍白色融。
怪狀奇形浮幻景，
猶如瀏覽水晶宮。

二

絕域旋風落雪天，
凌空皚色蓋山巔。
格陵蘭島冰川裏，
朝靄暮雲夜月懸。

北美洲北極圈格陵蘭登冰山 七絕二首

一

遠程頻赴唱陽關，
北極遨遊踏雪還。
多少獵奇探險客，
生平快事登冰山。

二

孤鴻絕蹟紫雲飛，
朔地風光素影圍。
舟泊格陵蘭海峽，
搜奇釣異漫遊歸。

癸卯遍遊美利堅五十州 七律二首

一

踏遍花旗五十州，

機緣有便我來遊。

抬頭眺望天邊月，

放膽思量海外秋。

浩蕩江河心影印，

岧嶢山嶽腳痕留。

採幽攬勝逍遙客，

大好風光眼底收。

二

美邦景物悅吾情，

迤邐遨遊插彩旌。

客舍流連洵幸會，

旗亭眷戀亦相迎。

頻穿笠屐拖清影，

屢著芒鞋帶雅聲。

晝夜臨觀新大陸，

揚鞭到處踏征程。

跋

　　花旗全境，頻年超踏無遺；美國版圖，數載周遊殆遍。五十州郡同聚，政體聯邦；移民種族互存，人權尊重。寰宇和平領導，民主實行；三權鼎立共和，自由崇尚。國強民富，獨占世界鰲頭；文治武功，允執全球牛耳。

丙寅周遊世界六大洲一百零八國欣然有作　五言古風

混沌天地間，塵寰若羅剎；
猖獗起妖氛，奸詐如水獺。
堪笑狂癡人，凝眸亦猶瞎；
暴敵甚貔貅，殘忍恣屠殺。
蠶食兼鯨吞，詭譎而狡猾；
景象太迷離，蒙垢須洗刷。
疾呼醒黃魂，豪雄更慧黠；
大雅集騷壇，新盟賜簡札。
壯志沖碧霄，空航機聲軋；
我獨喜翱翔，恍似孤棲鶻。
萬物皆靜觀，清標趣挺拔；
仰視對穹蒼，俯瞰惟考察。
旅途遍全球，雨洒與風刮；

躑躅海陸程，零露沾苔滑。

周遊列國疆，一百又零八；

三十六天罡，七十二地煞。

壬寅世態偶詠 五絕 二十五首

一

世事何嘗憒，
潮流常變動。
素生禮運篇，
復古而尊孔。

二

騷詞推屈宋，
妙韻終身誦。
文運顯聲華，
萬年承道統。

三

世變知何似，
紛紜曾諦視。
抱經貴守真，
名教維綱紀。

四

倚欄頻看劍，
民瘼施鍼砭。
統一我山河，
痌瘝常在念。

五

霸道方除卻，

民權簽合約。

書生報國誠，

滿腹經綸略。

六

黎民心目醒，

氣節參天挺。

美奐此江山，

群雄思染鼎。

七

引類相呼號，

倭仇胡不報。

沙場血債償，

復國應鋤暴。

八

克己而循禮，

持躬方得體。

新潮轉逆流，

道義乃能濟。

九

砥柱中流倒，

崇儒存古道。

天心厭亂時，

默祝焚香禱。

十

天涯思契闊，

景象如塗抹。

寧靜聽琴音，

豈容多撩撥。

十一

霹靂渾喪膽，
世情宜綜覽。
駭然劫禍臨，
懊惱頻生感。

十二

世情如夢幻，
人海浮沉慣。
處事貴和平，
深思戒傲慢。

十三

秋柳雖嬌嫩，
素懷難解悶。
霜天白絮飄，
物候知方寸。

十四

積非成不韙，
惡毒如蛇虺。
今世多奚奴，
搖頭兼擺尾。

十五

求全遭毀譽，
恢復無猶豫。
越俎代庖廚，
運籌而借箸。

十六

終身宜自省，
行險難徼幸。
仰視夜霜天，
銀河星獨耿。

十七

世人何狡猾，
張目亦猶瞎。
義利須分明，
正邪難審察。

十八

擾攘紅塵內，
民心知向背。
際茲治亂時，
好景何常在。

十九

逸居從質樸，
薰沐冠纓濯。
黃夜邯鄲遊，
醒來春夢覺。

二十

善惡難融洽，
身心遭迫脅。
堪嘆懦弱人，
屢受淫威劫。

廿一

知交難結納，
況復逢歲臘。
淪落在天涯，
空懸高士榻。

廿二

艦隊泊灣港，
整軍強說項。
逡巡霸海權，
備戰還需講。

廿三

孤軍臨戰陣，

號角吹前進。

肉搏在沙場，

哀兵揮白刃。

廿四

兵戎相見後，

俯仰徒搔首。

時局起風雲，

尋思何所有。

廿五

伯樂曾身歷，

斯風無匹敵。

離群冀北空，

老馬悲牢櫪。

大洋洲環遊 七絕四首

一

邊陲陸地大洋洲，
世外桃源海上浮。
南服毗連澳紐兩國，
飛帆萬點夕陽收。

二

天青海碧惠風薰，
澳紐兩邦隔岸聞。
草地平原皆綠野，
遊車所及見羊群。

三

萬里凌虛遠客臨，
晴天旭日紫雲深。
碧波滄海群山繞，
如此風光豈易尋。

四

輕煙淡雨灑黃昏，
海陸風光任我掄。
遊遍大洋洲兩國，
行蹤到處染苔痕。

澳大利亞悉尼歌劇院聽交響樂隊演奏

七絕二首

一

明月在天照海灣，
椰風蕉雨任迴環。
悉尼標誌圓橋拱，
馳譽保留宇宙間。

二

弧形劇院萃精英，
建築特殊享盛名。
公演歌場交響樂，
我曾聽賞管弦聲。

澳大利亞悉尼港口海岸遊 七絕二首

一

澳洲巨島遠山青，
滑浪飄流毓性靈。
輪渡泛遊群海岸，
風光如畫望滄溟。

二

浪捲銀濤映碧天，
晴空旭日綠陰前。
碼頭古渡開航後，
啤酒午餐食海鮮。

澳大利亞黃金海岸觀泳 七絕二首

一

群姝戲水妍和媖，
新款泳裝儘鬥奇。
海碧天青相掩映，
無邊春色弄潮兒。

二

袒胸露臂繡衾舒，
浮浪沖波意自如。
澳陸風光饒勝景，
黃金海岸畫樓居。

北美洲大西洋泛遊 七絕二首

一

大西洋上作遨遊，
仰望天空月滿舟。
歐美通航為捷徑，
寰瀛海客結朋儔。

二

冰山屹立曉風涼，
巨舶浮遊寒欲僵。
寰宇交通憑海運，
驚濤怒浪大西洋。

北美洲西印度群島暨
加勒比海列國周遊 七絕二首

一

疏柳橫堤月影添，

漁村海甸幾曾嫌。

美洲西印度群島，

熱帶風光現眼簾。

二

山青水碧映雲霞，

萬頃汪洋捲浪花。

海上巡遊加勒比，

臨觀九國探奇葩。

中太平洋群島海灘風光線 七絕二首

一

碧水青山映落霞，

群鷗狎浪撥黃沙。

茂林秀竹風搖月，

仙境人間不是差。

二

頭綴花環健美身，

泳裝三點展香唇。

扁舟輕槳灘邊駛，

南海天堂澹蕩人。

中太平洋大溪地首府巴比特看土風舞表演 七絕二首

一

赤足蠻腰繫草裙，
胸前花串吐奇芬。
熱情奔放逍遙舞，
南海薰風掠彩雲。

二

披肩秀髮暗香通，
頭戴鮮花粉面紅。
急鼓繁弦聲徹耳，
腿搖臀擺似旋風。

中太平洋大溪地海湖風光別緻 七絕二首

一

山光水色最迷人，
峭拔峰巒黛彩新。
公路沿途環島線，
紅花綠葉浥香塵。

二

漫步沙灘狎野鳧，
花裙捋起露肌膚。
淺藍嫩碧澄清水，
島上風光看海湖。

塞內加爾首都達喀爾奴隸堡探秘
七絕二首

一

奴隸堡城訪古遊，

當年血淚幾經秋。

殖民政策違人道，

遠自西非販美洲。

二

公理不彰有若無，

自由氣息倩誰呼。

從今賤役傭殊域，

流落美洲喚黑奴。

南非聯邦好望角瀏覽 七絕二首

一

秋陽向晚歸啼鴉，

怒海潮音激浪花。

遊目南非好望角，

水天一色映流霞。

二

海澨風光月暗浮，

南非景物眼中收。

大西印度兩洋水，

好望角前匯合流。

象牙海岸首都阿比珍風情繪 七絕二首

一

浴場濱海晚風柔，
雲影波光宿霧收。
旅舍堂皇堪激賞，
西非象國奪鰲頭。

二

彩色繽紛氣象新，
人間仙境逐香塵。
夕陽斜掛霓燈熠，
夜景迷離阿比珍。

阿非利加洲無虎瑣談 七絕二首

一

似火驕陽客欲呼，
非洲跋涉胡為乎。
荒煙蔓草蠻夷地，
老虎杳然有是夫。

二

豹吼頻聞薄暮天，
非洲狩獵亦悠然。
飛禽走獸俱全也，
可惜山君獨缺然。

廣東省新會崖門憑弔宋帝昺沉海

七絕二首

一

崖山奇石起旋風，
宋末皇朝泣斷鴻。
南竄君臣沉碧海，
興亡氣數轉成空。

二

搜密尋幽認屐痕，
晦迷天色漸黃昏。
遊觀海滋崖門處，
浪捲西風弔宋魂。

廣東省四大名山風景錄 七絕四首

一

粵東喬嶽選羅浮，
靈秀瑰奇物外秋。
四百峰巒何峭拔，
增城縣境白雲留。

二

北隅仁化縣丹霞，
色渥如名豈是差。
奇險山崖通佛洞，
錦江水碧映荒遐。

三

鼎湖古剎在高要，
青嶂翠嵐未易描。
佛性禪心清靜業，
森羅萬象避煩囂。

四

南海西樵景色添，
引泉飛瀑不相嫌。
奇峰七二幽巖峭，
百粵名山入眼簾。

廣東省肇慶七星巖擷勝 七絕二首

一

湖山並結七星巖，
曲榭平台繞碧杉。
北斗五辰相閃爍，
端州風景掠塵凡。

二

天柱閣邊滿綠叢，
五龍亭築星湖中。
山光橋影澄清水，
十字形成佈局雄。

廣東省為著名僑鄉喜賦 七絕二首

一

浮生逆旅逐香塵，
時代推移氣象新。
百粵民風多冒險，
瀛寰常見嶺南人。

二

華僑寄蹟遍全球，
出國謀生達五洲。
桑梓暌違居海外，
豪情壯志勵吾儔。

戊子寄閒浪墨　　五絕 二十五首

一

和平引領待，

戰亂天心悔。

滄海變桑田，

江山容易改。

二

千瘡而百孔，

高壘干戈動。

劫後剩餘生，

豈容太懵懂。

三

燎原延烈火，

遍野烽煙鎖。

天道本無常，

惟人照福禍。

四

厚德培佳種，

令聞聲價重。

清輝照玉京，

明月眾星拱。

五

風雲相會合，
壯志淩雲塔。
鴻鵠樂逍遙，
迴翔繞一匝。

六

詞人洵逸雅，
修禊桃林下。
九十好風光，
欲留春去也。

七

虬松枝秀挺，
獨特凌光迴。
葉茂耐霜天，
寒風吹絕頂。

八

論高推管鮑，
義利籌思巧。
金石刻良言，
雪泥嘗鴻爪。

九

前程無界限，
越嶺趨橫棧。
佳景在當前，
識人生慧眼。

十

倚欄看薄靄，
潑墨淋漓繪。
何用每傳言，
只能憑意會。

十一

日出天微曙，
郊遊聯袂去。
枕流漱石時，
鳥語花香處。

十二

岐途無捷徑，
得失由天定。
日落近黃昏，
何來添雅興。

十三

虛心遭委曲，
情性終成倔。
處事若糊塗，
辯真殊仿佛。

十四

春風吹柳綠，
野色離塵俗。
林壑搲鳴泉，
濁流斯濯足。

十五

山岩奔瀑澗，
倒瀉同留盼。
秋肅滿霜天，
仰看橫塞雁。

十六

曉霧連天接，
航程常遠涉。
驚濤激浪花，
大海舟如葉。

十七

靜坐秋涼夜，
詩聲聞客舍。
蟾華照九州，
管笛嘈台榭。

十八

一闋驪歌唱，
臨岐何悒悵。
故人遠道離，
消息欣無恙。

十九

萁豆同相煎，
澆漓薄俗見。
挽回手足情，
七步留詩卷。

二十

寒士居窮巷，
及時雨來降。
清音遠近聞，
古剎懸鐘撞。

廿一

英恣何卓拔，
汙垢常清刮。
諦視世間人，
狡刁如水獺。

廿二

芳園開百卉，
野岸生葑菲。
貴賤太懸殊，
金貂續狗尾。

廿三

相爭如鷸蚌，
兩敗何須講。
際會結黃緣，
逢人強說項。

廿四

鸚鵑相遇隼，
撕殺恣殘忍。
走狗宰烹時，
兔群曾獵盡。

廿五

涕淚臨風灑，
倒懸仍待解。
為求廊廟材，
馬骨千金買。

巴拿馬運河遊蹤 七絕二首

一

海上交通競短長，
巨川開鑿喜無疆。
工程順利進行後，
巴國運河貫兩洋。

二

大太兩洋泛碧波，
溝通航運互調和。
閘門三段高低水，
彼此平衡易渡過。

哥倫比亞首都波哥大遊觀 七絕二首

一

吊車騰駛越青崖，
萬呎蒙那嶺色佳。
山頂教堂前俯視，
波城景象悅高懷。

二

哥國藝壇熠碧蒼，
黃金博物館儲藏。
昔時精品堪裝飾，
技術留傳豈敢忘。

厄瓜多爾首都基多看赤道紀念碑

七絕二首

一

南美國家曆法規，
厄瓜多爾地球儀。
縱橫赤道線通處，
赭石建成紀念碑。

二

中央河谷望關山，
海拔升高雲影閒。
離島太平洋野岸，
富饒物產滿人間。

登巴西科古瓦多山瞻仰耶穌聖像

七絕二首

一

耶穌石像豎山中，
肅穆莊嚴姿態雄。
兩手伸開身直立，
雲層彌漫蓋晴空。

二

巴西形勝燦乾坤，
救主遺徽風雨痕。
科古瓦多山勝蹟，
信徒瞻仰毓靈根。

巴西科拍卡巴那海浴場瀏覽

七絕二首

一

里約弧形大海灘，

青山綠水浪聲殘。

砌成彩石行人道，

斜映遮陽傘色丹。

二

蔚藍海水浴紅顏，

滑板輕浮逐浪間。

三點比基尼款式，

嬌軀暴露也當閒。

巴西舊都里約熱內盧嘉年華會繽紛錄

七絕二首

一

裊娜風流旖旎情，

巴西節日踏歌聲。

嘉年華會化粧舞，

浪漫氣氛里約城。

二

花車緩駛大街中，

鼓樂聲聞遠近同。

男女瘋狂相擁抱，

森巴舞藝醉春風。

參觀巴西舊都瑪拉干納體育場 七絕二首

一

里約城中體育場，
一流球技譽馨香。
看台廿萬人排坐，
綠草如茵映夕陽。

二

足球王國說巴西，
世界杯鐫銀鼎題。
銅柱三竿場外豎，
狂歡徹夜月兒低。

秘魯古代印加帝國發祥地搜秘 七絕二首

一

考古證今論短長，
鈎奇誌異筆生香。
印加帝國發祥地，
秘魯流傳習典常。

二

安第斯山峽谷深，
迷城遺址蓋青岑。
五千年代源流遠，
南美稱雄歲月侵。

玻利維亞首都拉巴斯旅遊 七絕二首

一

玻國岧嶢南美洲，

崎嶇山地隔田疇。

首都高潔交通線，

印第安人舊夢悠。

二

環山聳立風飄颻，

寒氣旋流帶異香。

萬呎空間降落站，

最高海拔飛機場。

阿根廷首都布宜諾斯艾利遊覽 七絕二首

一

山川毓秀啟鍾靈，

綠野平原萬仞青。

安第斯山界兩國，

東陲卻是阿根廷。

二

阿國風情歡樂歌，

公園清賞任消磨。

廣場漫步衣冠燦，

絡繹人潮燈色多。

丙寅輯零篇 五絕二十五首

一

浩氣塞乾坤，
文風萬古存。
詩書傳國粹，
正義醒黃魂。

二

雅集小樓東，
古今詩教同。
詞人嫻韻事，
文苑起騷風。

三

今古豈曾殊，
崇文翰苑輸。
暮年棲異域，
著作類寒儒。

四

世紀發明哉，
紐城文社開。
詩聯友誼賽，
不佞擺擂台。

133

五

學海本無涯，
清吟更絕佳。
文情能並茂，
底事不開懷。

六

藝苑郁文思，
軒昂志不移。
蒼涼而激楚，
逸雅尚清奇。

七

良夜月窺簾，
文房詩債添。
鑄詞勤練句，
激楚亦何嫌。

八

平生耽古文，
婉約挹餘芬。
資質慚推魯，
希登怛雅群。

九

春暉卻難尋，
落花野色侵。
平生看卷帙，
學海嘆浮沉。

十

凝思對夕陽，
搦管撰文章。
往事如春夢，
何須論短長。

十一

感時撫劍橫，
追憶記平生。
往蹟如煙霧，
鷺鷗又結盟。

十二

澄空月滿庭，
論道輒談經。
浩劫今生歷，
滄桑變幻形。

十三

涉世心何勞，
行藏慎潔操。
此生捱透苦，
豈敢棄綈袍。

十四

意興耽詩壇，
微吟楓葉丹。
常懷身世感，
對月倚危欄。

十五

感懷擊節歌，
情緒奈誰何。
絢爛歸平淡，
狂吟悔恨多。

十六

蹀躞過寒溪，
嗟吾扶杖藜。
流光東逝水，
禿筆慢標題。

十七

清光伴寂寥，
濃霧鎖殘宵。
每念桑榆景，
俯吟萬里遙。

十八

凡事莫聽讒，
但求妙悟緘。
銷磨憐歲月，
詞客轉歸帆。

十九

海外月兒彎，
願償衣錦還。
扮揄猶眷戀，
詩壇總攸關。

二十

耄年喜隱居，
何必問盈餘。
忝屬為儒者，
未藏萬卷書。

廿一

適時豈易逢，
感事憤填胸。
年老英風歇，
騷人醉態容。

廿二

守道葆全真，
素心平淡人。
吟魂曾嘯傲，
命裏歷酸辛。

廿三

日出見朝暉，
黃昏漸向微。
江山仍舊貌，
墨客彩毫揮。

廿四

江南春燕流，
塞北雁鳴秋。
苦學忘年老，
餘生嘆白頭。

廿五

筆墨染雪箋，
儒林結藝緣。
晚年趨淡薄，
寧靜作零篇。

浙江省杭州參拜岳王廟 七絕二首

一

中原百戰有啼痕，

欲抵黃龍野色昏。

碧血丹心存宋闕，

吾來岳廟拜忠魂。

二

冤沉千古風波亭，

日落黃昏幾點星。

民族英雄岳少保，

莫須有罪受嚴刑。

雲南省昆明滇池近眺 七絕二首

一

碧水涼風掛錦帆，

昆明湖畔拂征衫。

龍門開鑿西山嶺，

棧道橫通月滿巖。

二

煙波浩淼碧漣漪，

山色湖光曉晚奇。

別墅數幢連犄角，

風帆萬點蕩滇池。

雲南省路南石林遊觀 七絕二首

一

氣象萬千豈易尋，
蓮花峰頂證丹心。
半巖超踏逢騷客，
峭壁題名刻石林。

二

奇峰怪石碧玲瓏，
林內劍池野徑通。
抹角轉彎猶覓處，
迴旋曲折撥疏叢。

四川省峨眉山攬秀 七絕二首

一

蜀路難行說四川，
而今景況異從前。
建成索道通岩嶺，
古刹華嚴耀陌阡。

二

峨眉自古喚仙山，
縱覽峰巒任往還。
金頂佛光紅紫現，
神奇秀氣蓋塵寰，

四川西陲蕃殖國寶大熊貓 七絕二首

一

玄體白頭黑五官，

密毛搖曳踏峰巒。

野生獸類成珍物，

西蜀幽篁揉葉歡。

二

熊貓蕃殖在中華，

只許全球獨一家。

國際邦交相贈禮，

炎黃世冑亦堪誇。

摩洛哥遊蹤 七絕二首

一

君主國家回教徒，

恍如日入聽晨烏。

長袍束帶戎裝樣，

馬隊騁馳踏野蕪。

二

摩洛哥疆浪漫遊，

探奇訪古未曾休。

錦城卡薩布蘭港，

風格清新白玉樓。

摩洛哥回教徒幪頭女人剪影 七絕二首

一

遠道觀光百感生，
北非諸國任縱橫。
神遊昔日烏衣巷，
衣著黑袍到處行。

二

回教信徒有靜思，
女人服式更稀奇。
玄袍面罩開雙孔，
妙處潛窺只自知。

摩洛哥首都巴拉特夜總會肚皮舞奇趣
七絕二首

一

珠裳跣足出重門，
眾客怡然笑語喧。
最是迷人半裸處，
渾身惹火更銷魂。

二

裊娜娉婷意態嬌，
輕盈舞藝幾難描。
乳波臀浪隨鈴震，
魄蕩魂搖藝念消。

馬利撒哈拉大沙漠留痕 七絕二首

一

近觀駝隊踏荒丘，
負重偏能作遠遊。
沙漠聞名撒哈拉，
東西橫亙在非洲。

二

汗流浹背夕陽驕，
熱氣燻人把扇搖。
中北非洲馬利國，
曾留古堡度殘宵。

剛果夜遊街道所見 七絕二首

一

跣足偕行日夕催，
白袍瓜帽且徘徊。
浮雲淡月清秋夜，
疑是幽靈幻影來。

二

酷熱晴天人欲呼，
非洲剛果現荒蕪。
夜深咖啡噴香味，
憩坐旁觀小火爐。

智利首都聖地牙哥漫遊 七絕二首

一

地形智利領風騷，

南美國家頗自豪。

安第死山垂直線，

驟看猶若佩軍刀。

二

智利風光脫俗塵，

溜冰滑水近關津。

嚴寒氣候近南極，

海峽相離麥哲倫。

歐羅巴洲漫遊 七絕四首

一

各區勝景西南歐，
禮樂衣冠最上流。
古蹟千年稱國寶，
觀風問俗任吾儔。

二

嶠嶺奇峰曉籟鳴，
天高日遠太虛清。
北歐冰島留蹤影，
絕域遨遊不計程。

三

階級鬥爭演獨裁，
極權統治劫殘灰。
東歐鐵幕終須揭，
遊客觀光絡繹來。

四

豪情我欲踏長虹，
過眼煙雲異地中。
遊罷歐洲廿九國，
雪泥印爪見飛鴻。

歐洲北極海浮遊 七絕二首

一

絕域遨遊冷欲僵，
歲時中伏異尋常。
波濤洶湧兼風雨，
海舶飄浮北海洋。

二

彌天霰雪暮雲殘，
白晝綿長黑夜漫。
世界坤輿稱大島，
允推北極格陵蘭。

北歐波羅的海遄遊 七絕二首

一

世界揪枰各逞雄，
摟船衝浪刮旋風。
北歐諸國相交接，
民主極權迴不同。

二

朔地寒流漂巨鯨，
波羅的海怒潮聲。
蘇聯艦隊頻游弋，
北國風雲尚未平。

145

地中海巡遊 七絕二首

一

水域毗連三大洲，
地中海岸任遨遊。
南頻西亞北非港，
直布羅陀是咽喉。

二

海上泛遊逆旅中，
天邊月影照征鴻。
船舷小立歡心賞，
浪捲銀濤水面風。

乙巳浮生憶錄 五絕 二十五首

一

清節人稱頌，
儒林承道統。
世間物態殊，
學藝終身用。

二

筆硯渾忘倦，
文章勤習練。
青燈照案前，
縱目看黃卷。

三

萬物皆詩料，
登臨高處眺。
河心帶礪圖，
落筆真微妙。

四

賦詩留藝囿，
攤句分肥瘦。
立意出心裁，
何嫌辭淺陋。

五

筆墨資消遣，
寒儒常把卷。
古今義理同，
瑕瑜宜分辨。

六

人生常苦短，
勤讀孤燈伴。
鶴唳掠深林，
秋風吹客館。

七

虛懷應忍性，
道藝相輝映。
抒感吐心聲，
詩壇長諷詠。

八

防微與杜漸，
瑜瑾豈容玷。
處世尚隨和，
生平應檢點。

九

詞人渾灑脫，
藝苑超然豁。
大雅集吟壇，
催詩曾擊鉢。

十

揮毫流墨瀋，
伸紙接衫衽。
士子類疏狂，
晝眠書作枕。

十一

黎明天破曉，
蘊結詩腸繞。
落拓念平生，
渾雄心未了。

十二

療飢將字煮，
慧眼光如炬。
揮筆撰辭章，
知吾有幾許。

十三

俗累常奔逐，
離愁藏滿腹。
歲華兩鬢霜，
垂老書猶讀。

十四

作客渾無奈，
何嘗逢際會。
半生斷續緣，
放蕩風塵外。

十五

異域曾經歷，
苦甘難啟迪。
終宵暴雨聲，
只隔窗兒滴。

十六

花落水流去，
晦明天欲曙。
風雲變幻時，
際遇在何處。

十七

贏駑知老邁，
蹄踏非矜快。
躑躅在中途，
為求還路債。

十八

飛瀑流泉澗，
出遊吾已慣。
秋霜躒躩行，
整陣南歸雁。

十九

秋涼明月引，
塞外西風緊。
蕭索望瀛寰，
息鞭遊興盡。

二十

展翼知勤謹，
蒼茫暮色近。
投巢月照林，
倦鳥關山隱。

廿一

仰視朦朧月，
寒暉籠北闕。
緬懷昔日遊，
綺旎風光歇。

廿二

仰首晴空望，
閒情猶自放。
誰憐悵惘心，
劫後常悽愴。

廿三

堪憐新月破，

夜對殘燈臥。

恨事憶從前，

幽懷思悔過。

廿四

窮通原有數，

堅忍奚須怒。

暮色漸低垂，

庭前惟踱步。

廿五

百卉芝田種，

芬芳聲價重。

舉頭望碧天，

佼月眾星拱。

日本伊勢珍珠島臨觀海女採珠一瞥

七絕二首

一	二
遠臨嘉客站江干，	遊人齊集在堤邊，
素服女郎繫木盤。	窈窕倭娘現眼前。
身手不凡耽海泳，	觔斗連翻潛水底，
採珠技術任人觀。	凸臀翹起腳朝天。

日本橫濱港遊蹤 七絕二首

一	二
交通門戶太平洋，	海外飄流欲問津，
貨品泊來始濫觴。	扶桑相近屬東鄰。
地下城開新市集，	中華街在橫濱市，
橫堤燈塔映斜陽。	寄寓最多是漢人。

日本溫泉浴池獵影 七絕二首

一

溫泉匯滿碧浮青，
裊娜倭娘聚內庭。
戲水鴛鴦同沐浴，
男歡女悅竟忘形。

二

男女裸身浸浴池，
溫泉水滑浴人知。
按摩室內色情也，
旖旎風光得意時。

日本藝妓表演入場觀光 七絕二首

一

古色遺音譜妙辭，
娥眉粉面弄嬌姿。
繡鞋和服扇搖舞，
年老色衰已覺遲。

二

對人佯笑淚痕多，
秋月春風鬢漸皤。
藝妓歡場常習染，
彈箏侑酒更高歌。

153

廣東省台山海宴戊辰還鄉 七絕二首

一

僑鄉第一說台山，

去國放洋衣錦還。

異域棲遲傳世代，

歐風美雨滿人間。

二

台山八景近何如，

小廣州名豈是虛。

建設日新真善美，

崇樓傑閣玉階除。

晚年頻返香港有感 七絕二首

一

碼頭隧道映雲霞，

車水馬龍不是差。

十里洋場香港地，

崇樓傑閣極繁華。

二

水陸空航百籟喧，

移山填海擴平原。

香江等是淘金窟，

冒險人兒趨樂園。

廣西省桂林漓江陽朔風景錄 七絕二首

一

迤邐嶂巒日影移，

桂林山水現殊姿。

風光如畫知多少，

陽朔碧蓮峰更奇。

二

山奇洞巧聳群峰，

灰色岩溶曉露濃。

倒影青巒浮絕景，

漓江稅繞碧林封。

哈爾濱冰燈遊園會夜景繽紛錄 七絕二首

一

北國風光迴不同，

人間仿造稅晶宮。

冰雕燈色遊園會，

哈爾濱城燦爛紅。

二

燈光閃耀顯崢嶸，

玉砌銀雕技藝精。

建築模型新景象，

瑰奇夜色看冰城。

吉林省松花江冬看江堤雪柳 七絕二首

一

松花江水少凝冰，

朝霧晚霞玉露承。

十里平堤看雪柳，

吉林奇景是明徵。

二

朔地山川踏古堤，

狂風披拂過寒溪。

晶瑩剔透鋪珠粒，

玉樹銀花映馬蹄。

環遊世界六大洲賦 （以題為韻）

楓林秋水，柳岸春山。策杖荒郊氣爽，扶筇曠野形閒。壯志昂頭天上，虛懷俯首人間。浮遊逆旅，閱歷塵寰。諦視繁星萬點，凝看缺月半彎。夢迴金闕，魂繫玉關。將殘綠鬢，催老蒼顏。妙理參通剝復，玄機悟徹循 **（環）**。

風飄綠野，雲罩翠疇。狎雨彩虹孤鷺，泛波碧海群鷗。俯仰融通宇宙，浮沉超踏寰球。由吾往復，任我去留。欣賞飛花浴夏，閒觀落葉知秋。鳴泉飛瀑，漱石枕流。狂吟解恨，嘯詠忘憂。三十年來浪蕩，百零八國周 **（遊）**。

霧散雲收，虹消雨霽。朝行蒼徑霜濃，晚立苔階風細。旅程增廣見聞，驛館頻添交際。肝膽相投，芝蘭結契。隨緣若得因時，蓄念自應乘勢。懷抱良圖，心存妙諦。我愛飄流，誰甘侘傺。試看宇內迷途，遑論人間何 **（世）**。

浩蕩黃魂，綿延禹寨。漫遊祖國山川，超越神州關隘。黃廬嵩泰峨峰，漢滿蒙回藏派。長城橫連，運河縱屆。蜿蜒長江奔流，洶湧黃河澎湃。攬勝歡愉，探幽暢快。屢執遊鞭，償還路債。使吾廣抒心情，令我大開眼（界）。

庭院蒼松，園林翠竹。寄懷溪澗流泉，得意巖巒飛瀑。凝看柳暗花明，注視山重水複。既可賞心，更能悅目。詞人書味芬芳，詩客墨花馥郁。列國遨遊，寰瀛馳逐。好景方臨，殘年何速。全球廣袤地輿，宇宙大洲有（六）。

天地融和，乾坤交泰。守經尚義相持，抱道居仁仰賴。崇儒並且尊師，峨冠連同博帶。驚夢依稀，牽情無奈。征途乍聽蟲聲，旅次忽聞天籟。迎接機緣，方興未艾。不合時宜，亟應淘汰。深知無量不弘，始識有容乃（大）。

萍綜作伴，浪跡為儔。搜秘應當懷古，探奇定必尋幽。少壯雖曾綠鬢，老年倏已白頭。清風滿袖，明月半鉤。今世能投所欲，此生尚復何求。胸中含蓄，眼底兼收。酒朋酣醉，詩友唱酬。誰肯躬臨百國，我曾寓踏六（洲）。

花落撩思，水流頓悟。月升遍覽晚霞，日出臨觀朝霧。

聯群旌動有期，結隊旆搖無誤。既喜餐風，尤歡吸露。讀數千卷叢書，行百萬里長路。緩帶急趨，輕裘慢步。暮靄數重，夕陽幾度。爰將綜覽過程，特作旅行辭 **(賦)** 。

甲寅紀飄流 五絕二十五首

一

適意尚何求，
留痕遍六洲。
揚鞭南北極，
宇內任吾遊。

二

美景及良辰，
臨觀氣象新。
風流裙屐輩，
夾道俱遊人。

三

有幸執遊鞭，
縱眸自暢然。
丹楓飄落葉，
黃菊傲霜天。

四

閬苑茁奇葩，
素心醉碧霞。
江山渾是畫，
隨處是吾家。

五

心雄系丈夫，
壯志跑江湖。
宇宙風光好，
逍遙我欲呼。

六

踏雪偏尋梅，
旅程畫角催。
浮雲遮日影，
底事又徘徊。

七

秀岩有處尋，
百丈懸崖深。
飛瀑流泉水，
滿潭霧氣臨。

八

珠露結前檐，
竹林瘦影兼。
風光太澹蕩，
景色遠山潛。

九

深林影浸潭，
殘月照停驂。
玉露青宿夜，
征衣挹翠嵐。

十

緩步綠楊堤，
泛舟繞小溪。
紅樓臨曲岸，
遙望碧峰齊。

十一

仰望太虛清，
夜深萬籟鳴。
燈花長照影，
客夢聽砧聲。

十二

蘭蕙自芬芳，
興來賞玩忙。
春容多綺麗，
夏日好陽光。

十三

深夜聽風蕭，
月光照碧寥。
秋山紅葉落，
冬令絮絲飄。

十四

壯歲別家園，
征帆風浪掀。
欣然歸祖國，
策丈踏中原。

十五

嶠嶺數峰青，
岱宗最秀靈。
鞋痕印浪蹟，
今世豈忘形。

十六

椰林薰風吹，
翠濤白浪隨。
天涯和海角，
鐫石水邊陲。

十七

江浦水流東，
碧波映斷虹。
群鷗狎海上，
逐浪捲西風。

十八

天暉白雲殘，
感時撫劍嘆。
潮來風雨急，
江海起波瀾。

十九

山水繫吾懷，
出遊亦大佳。
頻年常作伴，
笠帽與芒鞋。

二十

幽林碧綠容，
煙霧掩群峰。
極目關山遠，
越超幾萬重。

廿一

閒觀出岫雲，
日落剩餘曛。
作客天涯間，
吾生廣見聞。

廿二

波光映翠巖，
微雨溼征衫。
海外流連際，
何時送客帆。

廿三

落寞伴餘暉，

寒林樹影微。

征途曾久歷，

北雁又南歸。

廿四

高峰我屢攀，

苦樂自當閒。

四海為家日，

殘年髮已斑。

廿五

流年感逝波，

浪蕩又如何。

莫道遊蹤遠，

人生路債多。

甲戌低彈淺唱錄 七絕十八首

一

美國南陲好曙光，
佛州景色豈能忘。
人群海泳狂如許，
我愛邁城曉晚妝。

二

頻年落拓感離愁，
幻境神遊客夢休。
故國河山東逝水，
何曾得見向西流。

三

四時循序百年身，
勞碌人生恍似塵。
基業稍成留後果，
奈何竟不念前因。

四

萬象森羅如是觀，
瞻前顧後撫心寒。
澆漓薄俗人情辣，
不合時宜世味酸。

165

五

四十餘年海外蹤，
經霜喬木帶秋容。
蹉跎歲月離愁迫，
遠念桑榆隔萬重。

六

十載邑庠不負吾，
詞章朗誦撚髯鬚。
青年曾賦唐音韻，
老境復懸古畫圖。

七

小樓人遠踏青崖，
日落餘暉又轉階。
開卷尋思徒悵惘，
高吟俯詠遣吾懷。

八

荒郊細雨滴朝嵐，
秋水長天好共探。
氣象蕭森饒落索，
滿懷愁緒浸寒潭。

九

外苑名花謝後開，
嫣紅紫綠近樓台。
旅愁滿腹寧無感，
義憤填胸風雨摧。

十

苦茶啜罷代香醪，
奸佞秘藏笑裏刀。
畛域區分成底事，
詩詞諷詠發牢騷。

十一

放眼風雲月露形，
欲將寂寞寄伶仃。
憑欄仰望星光閃，
浪跡遐荒類梗萍。

十二

園林種植插疏籬，
綠竹參差素影虧。
夜靜風寒看月色，
悽涼身世嘆流離。

十三

飄流人海感浮沉，
閱歷平生坦蕩心。
拋卻遊鞭歸隱逸，
孤燈夜雨輒長吟。

十四

滄江秋雨翠濤奔，
萬里觀山暗斷魂。
塞外南飛棲庾嶺，
西風蕭瑟送黃昏。

十五

持身克己尚清廉，
俗務羈纏百慮添。
老去情懷殊落寞，
天涯作客未曾嫌。

十六

橐筆江湖任往還，
長留異地唱陽關。
遍嘗濁世鹹酸味，
懶問容枯入夢閒。

十七

古堤疏柳映幽叢，

秋晚扶筇白首翁。

往事依稀常記憶，

落陽殘照碎啼紅。

十八

縈迴得失辨瑜瑕，

流水無情淌落花。

易度韶華思百感，

蕭疏白髮映雲霞。

倫敦參觀白金漢宮禁衛軍換班儀式

七絕二首

一

英國聯邦大閱兵，

天光雲影寄餘情。

白金漢外多遊客，

鐵柵門前帶笑聲。

二

騎兵檢閱起風塵，

日出升旗好認真。

黑帽紅衣全制服，

鮮明奪目最撩人。

倫敦國會大廈與大鐘樓巨塔雄姿

七絕二首

一

放眼遊觀建築群，

英倫太晤士河濱。

圖強得逞全球後，

保守潮流宇宙聞。

二

吾生放蕩趁芳辰，

世事迷離假亂真。

大笨鐘鳴揮巨響，

英京喚醒夢中人。

倫敦塔觀王朝珍寶　七絕二首

一

歷代王朝歲序移，

廣場紅綠曳花枝。

輕車駛過倫敦塔，

搜秘尋幽正此時。

二

皇冠加冕儘探聽，

大不列顛尚典型。

白塔收藏珍寶也，

全球巨鑽非洲呈。

英倫海峽紀遊　七絕二首

一

英法距離海峽邊，

波濤洶湧浪花妍。

我頻遊歷西歐處，

曾賴交通氣墊船。

二

歐陸風情客夢中，

卅年浪蹟類飄蓬。

英倫海峽今非昔，

隧道建成海底通。

170

英倫古堡旅館投宿別趣 七絕二首

一

英倫古堡振雄風，
瑰麗堂皇氣派洪。
昔日豪華今在否，
改裝旅館是行宮。

二

歐洲作客屢奔馳，
嫵媚風光顯妙姿。
懷古涵今常眷戀，
世人心理更無疑。

河北省宛平縣蘆溝橋看石雕獅子群
七絕二首

一

遊鞭屢指大芳叢，
野色蒼茫白露風。
橋上碑亭題曉月，
撫摩獅子石玲瓏。

二

浮雲掩霧月光搖，
時令初秋風雨瀟。
聖戰抗倭開始也，
砲聲乍響蘆溝橋。

171

江蘇省南京古城遨遊 七絕二首

一

六朝金粉近如何，

歷代繁華舞共歌。

煙月風光夫子廟，

南京古渡秦淮河。

二

垂楊飄拂綠香蒲，

縱覽雲山月色鋪。

古樸棋樓饒勝蹟，

金陵佳景莫愁湖。

江蘇省蘇州泛遊清賞 七絕二首

一

風光旖旎為誰撩，

葉茂花香粉黛嬌。

古運河區跨兩岸，

扁舟掉過綠楊橋。

二

斑剝赭紅玉露清，

虎丘古塔夙聞名。

蘇州佳麗冠全國，

清脆吳儂軟語聲。

浙江省杭州西湖泛遊什錦 七絕二首

一

黃鶯紫蝶舞還啼，

柳綠桃紅畫閣西。

南宋以來稱十景，

湖中並列白蘇堤。

二

旦夕遨遊快樂多，

亭台小酌醉微酡。

山明水秀三潭月，

一葉輕舟蕩碧波。

浙江省海寧錢塘江觀潮 七絕二首

一

錢塘江畔脫塵囂，

萬馬奔騰捲怒潮。

勝地海寧霞霧擁，

驚濤拍岸日連宵。

二

白浪滔天響巨雷，

排山倒海濕雲催。

中秋時令觀潮節，

各處聞風遠近來。

澳大利亞東北海岸看珊瑚礁 七絕二首

一

澳洲東北雨聲潺，
大堡礁群綠水灣。
堤岸泊船觀察站，
海藏景物弄濤間。

二

水湄沙渚惠風薰，
海底透明映白雲。
長達一千三百哩，
珊瑚礁內色繽紛。

長江巫山神女峰近眺 七絕二首

一

秀麗瑰奇碧綠封，
朝雲暮雨帶秋容。
迂迴曲折經三峽，
仰望巫山神女峰。

二

風光縹緲鎖清秋，
浩蕩長江兩度遊。
宋玉高唐名賦作，
儒林傳誦曷嘗休。

中國第一大川長江順逆遊 七絕二首

一

河山點綴現岧嶢，
盡晦晨昏風雨瀟。
前後相催波浪湧，
江湖千古去來潮。

二

青嵐翠靄惠風柔，
曲岸懸崖載月舟。
湍急長江三峽水，
旋流順逆兩回遊。

甘肅省蘭州鐵橋跨黃河 七絕二首

一

秋涼春夢漸消磨，
白塔山前北岸波。
洶湧奔流殊激濁，
蘭州鐵路跨黃河。

二

隴省蘭城宿霧收，
江河湍急水東流。
五泉山頂崇慶寺，
聲振巨鐘響綠洲。

甘肅省踏過陽關 七絕二首

一

渭城景物襯雲山，
古道荒涼去復還。
今日贈行無折柳，
空教過客出陽關。

二

陽關踏過感如何，
三疊唱來惜別歌。
古代唐音詩一首，
逗人情緒未消磨。

甘肅省酒泉夜光杯欣賞 七絕二首

一

祈連山石獨占魁，
甘肅酒泉雪影梅。
璞玉琢磨添翠彩，
玲瓏精巧夜光杯。

二

酒泉屏障祈連山，
玉石蘊藏亦等閒。
工藝流傳成絕品，
千杯斟滿醉人間。

突尼西亞首都突尼斯訪古 七絕二首

一

迦太基城在北非，
戰爭羅馬慎防微。
三千餘載從今始，
突國依然尚奮威。

二

熱帶平原草木青，
花園白屋饅頭形。
非洲古國輸埃及，
仰視斗牛兩點星。

蘇丹首都喀士穆一瞥 七絕二首

一

輕舟慢駛過長灘，
兩座鐵橋野色闌。
品字都城喀士穆，
非洲大陸說蘇丹。

二

月華雲彩夕如何，
芳草天涯碧綠波。
幾許風光遊目處，
白青河水匯尼羅。

177

肯雅首都內羅比野獸庇護區投宿拾趣

七絕二首

一

東非肯雅踏荒原，

燦爛陽光照碧昏。

樹頂搭棚成酒店，

臨觀動物業望園。

二

酒店周遭滿綠叢，

良宵已度此園中。

開窗眺望多奇景，

野獸臥行各不同。

坦桑尼亞動物野生園巡邏　七絕二首

一

鳥獸同群儘結儔，

天高日遠淡雲收。

野生動物園巡邏，

吉普鋼車載客遊。

二

非洲野老貌如黥，

駝隊騎行赴遠征。

獸類之王獅子吼，

聲聞十里若雷鳴。

津巴布威觀世界最大維多利亞瀑布

七絕二首

一

浩蕩旋流白浪催，

聲聞遠近響如雷。

非洲巨瀑堪當選，

氣勢奔騰喜奪魁。

二

水花飛濺映晴虹，

沖激狂流洞壑通。

破碧層崖懸匹練，

煙雲瀰漫蓋蒼穹。

紐約港口維拉沙諾大鐵橋 七絕二首

一

美東水域海迷濛，

紐約長橋港口通。

墩塔距離稱巨擘，

大西洋岸臥垂虹。

二

天高雲淡碧波平，

哈遜河中汽笛聲。

船艦往來橋下過，

自由神像似歡迎。

搭直升飛機鳥瞰紐約城 七絕二首

一

直升水陸機群留，

美國空航科技優。

端坐窗前頻俯視，

紐城風景入雙眸。

二

江湖浪跡披征衣，

山遠水遙紫翠圍。

起落疾徐增刺激，

慣常乘搭直升機。

紐約帝國大廈眺望 七絕二首

一

巍峨高聳見崇樓，

屹立美邦紐約州。

升降機登臨極頂，

壯觀雄偉冠全球。

二

寰球大廈望長虹，

昂首青雲旭日中。

卅載期間誰匹敵，

頂天立地碧玲瓏。

紐約無線電城音樂廳觀劇 七絕二首

一

花容月貌豈全非，
大腿如林伴紫薇。
步伐整齊同舞蹈，
身裁窈窕自芳徽。

二

富麗堂皇音樂廳，
瑰奇風格寓全形。
首輪新片隨開影，
妙舞輕歌銀燭青。

紐約世界貿易中心大廈遊 七絕二首

一

聳峙美邦貫斗牛，
雙幢矗立帝城州。
一千三百餘公尺，
世界最高姊妹樓。

二

紐約風雲雨露沾，
摩星摘斗月侵簾。
全秋貿易中心點，
極目河山喜色添。

維新聯語前言

　　"維新聯語一百對"為何而作乎？曰：一元復始，萬象更新。貼春聯、燃爆竹、飲春酒、介眉壽，我國之固有風俗也。予家書名，顏曰"維新"，迺取義於詩經者："周雖舊邦，其命維新"。古籍昭彰，信而有徵。揮此春聯，舒吾抱負，自相勉勵，啟發性靈，此對聯之被認為酬應文字者，爰有"維新"聯語之作焉。

　　一九四四年，歲在甲申仲秋，予乃選編目錄，提綱挈領，開始撰茲聯語。迎合潮流，刪繁就簡，越迎歲，已脫稿於廣東省台山縣海晏區。每聯皆嵌名，別類而作。分"新春"、"神祖"、"生意"、"自勵"、"時局"、"抗戰"如此六欄。時值策動對日神聖抗戰，舉國同胞，敵愾同仇。"抗戰"一欄，端是應時之作。斯為不可或缺者。

　　蓋聞聯語體裁，乃我國文字之一特色也。兩比相偶，措詞穩當，虛實貼切，平仄調和，庶能求對仗工整。而為製聯之正宗者也。晚近新體對聯，興之所至，隨手拈來，即景生情，信筆寫之，貴乎文理通順，氣足神流，弗襲前人巢臼，但求出自心裁，尤以長聯為然也。蓋潮流所趨，蔚為時尚者歟。

夫對聯之製作也，括其內容，若乎臚陳志願，自述襟懷；引古証今，撫時感事，抒情寫景，賀吉弔凶，蓄意品評，寓言褒貶；借詞警惕，婉約誇張；語涉雙關，詞含引喻；標題嵌字，烘托空靈；探蹟察微，鉤保致遠。其範圍固如是之廣也！句語有長短之分，而表達情感則一，雖屬遊戲筆墨，豈無深意存哉？

我國文化薈萃，蔚為藝苑詞林，含英咀華，流風餘韻。故能弘揚於後世也。文士積習相沿，附庸風雅者眾矣；予何人斯，豈能自棄於文學範疇者乎？自維性耽文藝，雅好製聯，不顧讕陋，草成百對，願就正於鴻儒碩學，其亦有餂飣之誚耶？搜索枯腸，免談工拙。爰書絮語，以弁其端。

（草於一九四五年歲在乙酉八月十五日
舉國歡慶抗日勝利之辰）

維新聯語一百對

新　春

一
維揚我武
新展吾謨

二
維陽獻瑞
新紀呈祥

三
維求幸福
新振文明

四
維開泰運
新毓良謨

五
維償所欲
新擴其圖

六
維撰存氣
新納禎祥

七

維頌春光好
新祈國運隆

八

維誠修闕德
新運發其祥

九

維春迎麗日
新歲兆豐年

十

維道化民俗
新猷振國魂

十一

維祺添福壽
新祜獲康寧

十二

維時逢際遇
新令適機宜

十三

維主權揚國體
新人物舊家風

十四

維自由扶正義
新機會大前程

十五

維望彩雲添瑞色

新春麗日挹祥光

十六

維趁芳辰求幸福

新交景運啟文明

十七

維起競存宜發達

新思進取振圖強

十八

維投所欲安天命

新啟其圖得自然

十九

維願承年開氣運

新臨佳景煜祺祥

二十

維望圖謀能順遂

新求事業得成功

廿一

維挹春光風和日麗

新來節氣物阜年豐

廿二

維德修明弘揚郅治

新春獻瑞肇啟昇平

廿三

維煜乾坤文章造化

新觀宇宙錦繡前程

廿四

維育青年國家至寶

新成志士華胄同欽

神祖

一
維延先世澤
新振舊家聲

二
維仰恩光普
新承德澤深

三
維謀臻福祿
新策納祺祥

四
維冀家聲顯
新期世澤揚

五
維謨揚祖德
新烈紀家功

六
維緒彰前烈
新謨啟後賢

七
維創文謨延世澤
新揚武烈振家聲

八
維彰祖德源流遠
新表宗功紹述長

九
維衍治謀綿德澤
新蕃大有紹箕裘

十
維倡良謨開泰運
新襄碩劃毓禎祥

187

十一

維修碩德光前烈
新啓良謀裕後昆

十二

維昭前烈聲威顯
新發後賢德業隆

生　意

一

維設市廛求巨利
新開墟集積多財

二

維立權衡興駿業
新謀貨殖展鴻圖

三

維聚財源充國計
新尋利路裕民生

四

維振經綸謀貨殖
新存策略業居奇

五

維闢商場成企業
新充國貨獲資源

六

維展經營財路遠
新張貿易利源長

七

維發雄圖操妙策
新營偉業運奇謀

八

維擴財源興實業
新通利路旺商場

九

維運奇謀弘興偉業
新操妙策丕振經綸

十

維啟經營宏通利路
新隆貿易廣進財源

十一

維習居奇宏興駿業研求勝券操持財多利薄
新增囤積大展鴻圖所望資源流進腦滿腸肥

十二

維遂經營流通利路預期經濟充盈民生解決
新圖貨殖滾進財源務冀商場旺盛國計昭蘇

十三

維今時代商戰爭雄亟待提高土產發展商場充國庫
新值潮流資源掠奪尤須抵抗舶來宏興實業益民生

十四

維紹佳謨昌隆偉業預祝今年好景得手應心財路廣
新逢泰運大展經綸佇看此日良機持籌握算利源深

自 勵

一
維慕光明遠景
新奔錦秀前程

二
維青年能革命
新將士作干城

三
維尋幸福須團結
新建和平當自強

四
維英雄乘時奮起
新俊傑應運而生

五
維大丈夫光明磊落
新奇男子儔儻風流

六
維保嘉猷謀生捷徑
新修妙策處世良圖

七
維本雄心淬礪發揚努力向前迎際遇
新懷壯志自強不息堅貞奮鬥適時機

八

維民奮鬥進化競存願諸君努力前途振衰起敗
新法圖強潮流所尚勸我輩因應環境除暴安良

九

維義健兒雄姿奮起安排妙計圖強智勇兼全成大業
新呼壯士威武軒昂施展良謀制勝剛柔並用立奇功

十

維予儕輩氣象何雄正宜把握時機開拓未來新局面
新創謀猷利源甚薄更要達成任務推行今後大前程

十一

維此時機殊真迫切尤須克復艱難跑進光明大道
新當任務切莫等閒必要排除障礙趨奔幸福樂園

十二

維斯世界適者生存

凡我青年必須鼓舞精神顯赫聲威行革命

新到潮流不興則滅

緬吾志士務要集中力量軒昂氣概作干城

時 局

一

維享和平正義

新迎民主精神

二

維繫民間協約

新簽國際聯盟

三

維中華文明古國

新世界正義聯邦

四

維固主權延國脈

新循綱紀繫民心

五

維行革命興華國

新籲和平醒國魂

六

維國家自由政體

新時代民主和平

七

維保黃魂存國祚
新由禹甸拯民艱

八

維匡國脈求平等
新訂民權享自由

九

維使中華延世冑
新從國際簽盟章

十

維全大局須團結
新協潮流賴合群

十一

維嶽降神渾雄氣象
新硎發刃閃耀鋒芒

十二

維祝中華昌隆國運
新和時代怛振民權

十三

維持民主尊嚴保障國家獨立
新倡聯盟自衛發揚世界和平

十四

維毓青年雄心競氣正宜自立更生確保和平
　　共祝江山垂穩固
新培英傑壯志豪情務要堅貞奮鬥消除戰亂
　　同賀海宇獲澄清

十五

維念邦家國基未固丁茲禍迫寇侵風雲變色
　　想吾熱血同胞豈忍旁觀袖手
新因環境民族多艱處此水深火熱時局阽危
　　凡屬炎黃後裔尤須警惕關心

十六

維茲時局風雨飄搖看今日版圖變色河山破歲
　　望當軸諸公捐除私見同奔國難
新近中華邦家不造想目前郊壘烽煙遍地荒涼
　　願社會群眾激發忠忱共拯民艱

十七

維觀世界競演舞台凡我同胞亟要圖強進取
　振興實業解決民生預祝中華富強康樂

新代潮流優良傳統緬吾志士尤須發奮為雄
　奠定和平改良政治為求祖國幸福繁榮

抗 戰

一

維護和平延世局
新遵公約繫盟軍

二

維呼正義聯盟國
新立憲章擊軸心

三

維效健兒戍國境
新聯勇士保家鄉

四

維集兵戎亡納粹
新施戰術滅倭奴

五

維勵軍兵捨身報國
新頒法令保境安民

六

維執干戈殲除暴敵
新添武備踏破扶桑

七

維欲國軍擊敗軸心亡納粹

新徵盟友驅除韃虜滅倭奴

八

維建三軍耀武揚威褫敵魄

新招百旅陳師列陣灟倭魂

九

維造英雄心存家國掃蕩倭奴安社稷

新生豪傑志壯風雲驅除韃虜拯黎元

十

維勸盟軍主持公理奠定和平延世運

新應密約聯繫友邦發揚正義洽民情

十一

維恃將兵抗倭衛國務期民族復興共和一統

新依綱領卻敵安邦尤冀主權獨立政體萬年

十二

維繼長期抗戰士氣昂揚敵人蠶食野心必難得逞

新隨妙策求存民情激烈倭寇鯨吞迷夢非易獲伸

十三

維賴壯丁衛民守土必須殲滅倭奴合唱衝鋒前進曲

新同戰士禦侮鋤奸亟待驅除暴敵高吟陷陣凱旋歌

十四

維促全民抗敵鞠旅揚威倭奴謬說共存揭破陰謀伸正義

新和舉國征兵陳師耀武暴日侈書同種消除詭計享和平

十五

維練精兵披堅執銳將來失地收回世界列強
　　共讚中化老大哥
新行巧略遠剿近攻最後沙場勝利環球各國
　　同譏日本小倭奴

十六

維勉軍民策動莊嚴抗戰已過七個周年確信
　　倭奴受挫霸權必敗
新憑韜略展開迫切救亡進入第三階段深知
　　暴日投降公理能伸

十七

維思袍澤責在救亡趁此陳師鞠旅展開全面
　　鬥爭預祝勝利飲馬扶桑海島
新練將兵策惟抗戰際茲敵愾同仇推動軍民
　　合作佇看成功豎旗富士山頭

十八

維結友邦並肩作戰預期納粹滅亡和平有賴
　　將來世界列強中華民族容登首席
新盟協約伺隙進軍深信軸心崩潰正義獲伸
　　今後寰球各國法西斯蒂撲滅無蹤

十九

維組雄師鷹揚桑夏激烈健兒正好發揚蹈勵
　　陷陣衝鋒撲滅倭奴踏破扶桑湔國恥
新編勁旅虎視東瀛忠貞袍澤尤須勇敢向前
　　犁庭掃穴夷平韃虜殲除暴敵雪家仇

二十

維吾桑夏多難興邦農學工商精誠團結堅持抗戰
　　主張必要驅除暴敵為求民族生存政權獨立
新喚黃魂救亡建國中蘇美英聯合起來鞏固同盟
　　陣線務期殲滅倭奴實現自由解放人類和平

廿一

維我中華八年抗戰賴盟軍協助擊敗倭奴此時海宇
　重光主權完整英烈黃魂屹立東亞推巨擘

新興民族萬載和平幸友邦提攜驅除暴敵今後河山
　無恙政治修明昌蕃帝裔稱強世界振雄風

佛州迪士尼世界繽紛錄 七絕二首

一

佛州景物四時同，
宇宙飛船上太空。
遊覽迪士尼世界，
新奇科技萬花筒。

二

尖塔高樓氣象新，
青雲碧海映紅塵。
米奇老鼠為標識，
遊戲人間假亦真。

佛州柏園看滑水表演 七絕二首

一

美國佛州景色多，
天然人造互相和。
柏園湖裏風光好，
熱帶疏林棕樹婆。

二

泳衣一樣女兒身，
揮舞彩旗滑水人。
四級疊成羅漢式，
隊形變換幾番新。

拉斯維加斯賭城欣賞艷舞 七絕二首

一

內州賭埠動心弦，

艷色奇觀不夜天。

簫管瑟琴音並美，

竊娘舞蹈惹人憐。

二

狂歌熱舞發雷霆，

沙漠春回塞雁聲。

紙醉金迷連晝夜，

拉城燈色熠光迎。

檀香山看草裙舞 七絕二首

一

太平洋島夏威夷，

著綠穿紅襯妙姿。

花串獻懸遊歷客，

迴思哪個不神馳。

二

火炬照明綠野渾，

管弦鼓樂震黃昏。

蠻腰款擺草裙舞，

性感撩人入夢魂。

遊夏州火魯奴奴珍珠港 七絕二首

——憑弔被日軍炸沉主力艦阿利桑拿號

一

美國艟艨眾所知，

太平洋島夏威夷。

倭軍偷襲珍珠港，

惹起戰爭非所思。

二

忠烈祠中報國情，

浮台型式碧波清。

斷魂艦隊沉瀛海，

銅刻碑前認姓名。

蒙古大戈壁沙漠投宿蒙古包 七絕二首

一

烈日嚴寒靖紫氛，

晴空熱浪逐殘雲。

外蒙戈壁大沙漠，

亢旱驕陽炙夕曛。

二

鴻鵠高翔遠塞郊，

輕離舊壘覓新巢。

此行漠北遊戈壁，

投宿良宵蒙古包。

蒙古騎雙峰駱駝 七絕二首

一

江山如許發微哦，
浪蕩天涯屐蹟多。
蒙古庶民遊牧者，
風情撩我又騎駝。

二

晚涼天氣似三冬，
塞外黃沙幽澹容。
蒙古從遊饒別趣，
駱駝背上摸雙峰。

蒙古遨遊寄慨 七絕二首

一

華夏文明五族同，
黃魂喚醒感相通。
野心作梗蘇聯惡，
我國從今失外蒙。

二

河山帶礪擬模型，
祖國地圖列緯經。
秋海棠花枝上葉，
而今不復像原形。

尼泊爾首都加德滿都風光 七絕二首

一

神奇美妙出塵寰，

世界高峰在此間。

山國旅遊業發展，

古都舊貌變新顏。

二

虯松滿壑竹盈坡，

野色秋光春夢婆。

全國高山廿八座，

寰球哪及彼邦多。

尼泊爾喜馬拉雅山風景旅館信宿

近觀世界最高埃佛勒斯峰 七絕二首

一

天下名山矗亞洲，

全球嶠嶺盡低頭。

客機沖上澄空裏，

埃佛勒峰眼底收。

二

信宿岩嶢逸雅添，

狂風落雹我何嫌。

兩看喜馬拉山頂，

世界高峰入眼簾。

中國內蒙古大草原探遊 七絕二首

一

浪遊牧野憩林園，
蕭瑟秋風待月軒。
芳草芊綿依舊綠，
內蒙塞域大平原。

二

中華五族俱純良，
教化昌明道義彰。
蒙古包中迎旅客，
代茶馬奶也平常。

新疆省天山與天池遠近觀 七絕二首

一

絲綢之路過陽關，
邊域高原玉露潺。
絕頂峰巒常積雪，
抬頭遠處望天山。

二

新疆遊屐近秋時，
滿野松林挺老枝。
博格達峰相倒影，
高山湖沼見天池。

西藏首府拉薩布達拉宮巡禮 七絕二首

一

峭峰奇嶽細凝眸，

凜冽天時宿霧收。

西藏古城看拉薩，

登臨布達拉宮遊。

二

西陲荒境亦塵凡，

雅魯布江影雪杉。

世界傳聞名屋頂，

高原廣袤越山巖。

台灣省嘉義阿里山看神木 七絕二首

一

窄軌火車逶邐前，

低從嘉義越崖巔。

樹齡超過三千載，

阿里山中神木妍。

二

玉山遙望雪連峰，

嘯傲煙霞踏幾重。

紅檜幹枝猶挺拔，

春秋代謝白雲封。

中國遊侶漫題 七絕四首

一

萍水相逢亦夙因，
飛花落絮泅輕塵。
漫遊祖國長相憶，
帽影鞭絲幾度春。

二

天緣邂逅卻難忘，
卓越芬華雅淡粧。
瀟灑襟懷何豁達，
知音仰慕也無妨。

三

風采當年憶舊容，
往來各地羨行蹤。
白雲紅葉秋將晚，
浪漫生涯踏萬重。

四

頻年客況自矜憐，
飛度關河別緒牽。
隔後相逢同一醉，
香江話舊又開筵。

208

紐西蘭風貌漫遊 七絕二首

一

夾岸垂楊泊上桑，

悠閒清賞百花莊。

遞年修剪羊毛節，

舉國欣然莫敢遑。

二

噴泉匹練濺斜欄，

瀑布懸空佩玉珊。

皚潔冰河深谷白，

探幽覓得紐西蘭。

紐西蘭南島螢光洞奇觀 七絕二首

一

青天白日現微雲，

地廣人稀草木芬。

南北距離分兩島，

漫山遍野見羊群。

二

綺麗春光翠欲流，

孤懸南瀛大洋洲。

天然奇景螢光洞，

窟內停舟載客遊。

印度尼西亞峇里島裸女拾奇 七絕二首

一

春光旖旎晚風柔，
碧海藍天映綠洲。
裸女天堂峇里島，
人生難得幾回遊。

二

世外桃源現紫雲，
椰林搖曳起邪氛。
印尼風月無邊也，
宇宙遊人廣見聞。

緬甸首都仰光旅遊拾遺 七絕二首

一

緬甸佛邦古著名，
晨鐘暮鼓寺庵聲。
仰光建築大金塔，
圓頂鋒鋩晝夜明。

二

人間卓拔振經綸，
裝飾入時最可珍。
礦產資源緬甸玉，
晶瑩翠綠顯清純。

以色列耶路撒冷漫步耶穌受難路

七絕二首

一

罡風乍起罕尋常，

基督救民道義彰。

記憶當年受難路，

耶穌被釘赴刑場。

二

以國聖城北斗橫，

哭牆群集月三更。

遊人瀏覽花園塚，

遺蹟追尋到處行。

土耳其天然石屋獵影　七絕二首

一

土國山崖黯淡天，

石灰巖質洞相連。

洪荒時代遺留物，

今古懸殊越陌阡。

二

尖山洞窟蜂巢形，

郊外穴居野草青。

石屋高低通曲徑，

雜花生樹映門庭。

南韓風光錄 七絕四首

一

南韓戰後露鋒芒，
安定繁榮振紀綱。
建設可觀洵實踐，
漢城景象更堂皇。

二

民族村和景福宮，
崇題匾額中文同。
釜山航運南方港，
萊克山莊賭戰攻。

三

韓國首都曰漢城，
黎元氣節勵堅貞。
昔時文化遺今日，
半島江山受送迎。

四

晉門湖裏碧波澄，
高麗文明亦足稱。
古代慶州天馬塚，
而今發掘舊王陵。

壬戌環遊世界吟 七律四首

一

世界環遊志氣高，旅行各地察秋毫。

銀河閃爍搖清影，瀛海滄茫捲怒濤。

嘯詠詩人崇典雅，閒吟詞客引風騷。

半生遂我心頭願，踏上征途換錦袍。

二

宇宙周遊列國疆，人生到處便家鄉。

凝眸煙霧浮朝靄，仰首風雲掛夕陽。

雪凍天涯梅放艷，冰寒海角菊飄香。

寰球廣闊航空線，太大印南北五洋。

三

燕雁分飛去復來，天空旭日薄雲開。

春光燦爛紅霞現，秋色晶瑩白露陪。

靜度良辰團聚促，頻看勝景別離催。

縱情山水逍遙客，陶醉自然戴月回。

四

無限風光眼底收，此生何幸得遨遊。

蒼天朗月凌雲鶴，碧海殘陽逐浪鷗。

誰敢揚鞭超百國，我曾託足遍全球。

臨觀兩極分南北，歐美亞非大五洲。

跋

予嗜旅行，超踏百零八國；

縱情瀏覽，漫遊五大洲洋。

雪鴻印爪，躬臨世界版圖；

關塞留痕，欣賞寰球景象。

庚午環遊世界搜集明信片花絮

新式七律二首

一

地輿廣袤劃西東，
到處江山各不同。
梅嶺霜凌蒼鬢客，
竹溪雨壓紫髯翁。
全球遊卡搜羅遍，
斗室書櫥彙集中。
落拓餘生求快感，
高懷逸雅寄詩筒。

二

天涯飄泊幾多重，
萬里征途立遠峰。
水壑清幽搖綠竹，
山岩峭拔挺蒼松。
全年終始春還夏，
四季輪迴秋復冬。
隨處風光明信片，
細看回味又相逢。

215

跋

卅載奔馳，既踏遍於宇宙；

半生浪蕩，曾周遊於寰球。

為郵柬於親朋，搜羅遊卡；

迺適應於彙集，充斥書櫥。

作征途之臥遊，尋思把玩；

留客況之印象，翻閱消閒。

萬里路行，增蓋吾之見識；

半車書讀，多添我之知能。

遊麻州普利茅斯港 七絕二首

――看五月花帆船登陸踏腳石留痕

一

巨舶三桅五月花，

從英航美渡荒遐。

大西洋岸風波險，

專制解除更足誇。

二

帆船滄海逐青萍，

濕霧浮雲疏落星。

普利茅斯踏腳石，

而今陳列在高亭。

懷州黃石公園老信徒噴泉奇景

七絕二首

一

硫磺氣味襲幽叢，

縹緲浮煙罩碧空。

六十分鐘期限畢，

一條水柱射蒼穹。

二

宇宙山川入畫圖，

臨觀勝景好歡呼。

噴泉晝夜依時湧，

黃石公園老信徒。

阿拉斯加州北極圈掠影 七絕二首

一

遊船破浪映蒼穹，
蘊結冰川野岸中。
阿拉斯加北極圈，
終年光暗兩般同。

二

湖泊溫泉毓塞氛，
荒原積雪遏風雲。
白玲海峽東西隔，
亞美二洲界限分。

看世界女子溜冰錦標賽紐約電視傳真
七絕二首

一

錦衣玉女碧玲瓏，
活潑輕盈舞雲中。
跳躍騰空旋轉後，
掌聲齊拍滿堂紅。

二

麗人奔滑溜冰場，
熨貼雪鞋技術彰。
評判積分優勝者，
金牌奪得喜徜徉。

佛州邁阿密海灘風光巡邏

七絕二首

一

崇樓傑閣海灘浮，

綺麗風光萬象幽。

美國棲遲長作客，

優閒飄逸邁城遊。

二

半島佛州景色新，

光陰過客念前塵。

此生放蕩徒追憶，

堤畔行吟未了因。

法國巴黎艾菲爾鐵塔夜宴

七絕二首(1975)

一

法京歐陸帝王州，

摘嶺摩星貫斗牛。

登上艾菲爾鐵塔，

白雲紅日眼前收。

二

夜宴巴黎鐵塔中，

遊人菾止樂相融。

星光閃爍雲霞彩，

把盞香檳醉頰紅。

法國巴黎凱旋門眺望

七絕二首(1975)

一

四壁玲瓏雕刻中，

長明火焰勢如虹。

高歌馬賽進行曲，

烈士無名好立功。

二

市容瑰麗耀乾坤，

天下花都景色渾。

眺望廣場伸展路，

我曾登上凱旋門。

巴黎麗都夜總會觀劇

七絕二首(1975)

一

美人醇酒說花都，

法國巴黎譽遠孚。

聲色視娛臻極品，

滿懷歡暢撚吟鬚。

二

一流美女熠光芒，

曲線玲瓏無上裝。

三絕俱全聲色藝，

麗都觀劇未能忘。

巴黎紅磨坊夜總會看舞

七絕二首(1975)

一	二
妖嬈舞女列前台，	入場眾客儘相歡，
軟語溫馨笑口開。	衣袖頻搖艷舞團。
況是手搖兼足蹈，	節奏抑揚皆後轉，
花袍褻服互相陪。	臀圍凸出任人看。

阿美利加洲暢遊 七絕四首

一

天空海闊任遨遊，
景物珍奇西半球。
訪勝尋幽風雅客，
行吟阿美利加洲。

二

有幸因時際會臨，
行旌飄拂彩雲深。
觀光列國從今始，
誌異釣奇到處尋。

三

山川輿地本相通，
宇宙無窮造化同。
尋得美洲新大陸，
哥倫布氏奏奇功。

四

半生飄蕩作遊人，
流水行雲野鶴身。
美北中南廿一國，
寄停遠隔亦芳鄰。

華盛頓特區國會山莊遊 七絕二首

一

國會山莊氣象雄，
圓穹高聳顯威風。
共和政體崇民主，
平等自由百代隆。

二

眾參開會發其祥，
憲政綱維道益彰。
開國元勳銅像立，
我臨欣賞樂徜徉。

首都華盛頓特區白宮遊 七絕二首

一

華盛頓碑向北看，
白宮行政瀝胸肝。
南湖春水漲堤岸，
燦爛櫻花玉露寒。

二

簡樸建成說白宮，
宏謨偉略氣如虹。
迎賓薈萃綠廳處，
秩序隨行閱我躬。

紐約城曼克頓島哈遜河環遊 七絕二首

一

插天矗立盡崇樓，

登上迴旋遊覽舟。

紐約城中曼克頓，

凌雲捧日冠全球。

二

鐵橋六座達芳鄰，

離島相連景象新。

哈遜河中環一匝，

凝眸南望自由神。

集詞牌百闋綴成 七絕二十五首

一

採得<u>東風第一枝</u>，
<u>紅情</u>託瓣雪山時。
<u>暗香</u>浮動留春早，
<u>疏影</u>萼開繫我思。

二

回憶故鄉<u>望海潮</u>，
<u>齊天樂</u>極趁今朝。
四年奔逐<u>臺城路</u>，
藝苑思維<u>奪錦標</u>。

三

<u>萬年歡</u>節燦花壇，
魏紫姚黃<u>碧牡丹</u>。
中國栽培<u>永遇樂</u>，
<u>畫堂春</u>色滿雕欄。

四

<u>醉紅妝</u>裏近樓台，
<u>連理枝</u>生歲月催。
一<u>點絳唇</u>風貌雅，
相看<u>明月逐人來</u>。

五

<u>春風嫋娜</u>醉芙蓉，
<u>百尺樓</u>頭望碧峰。
<u>魚水同歡</u>離不得，
<u>洞仙歌</u>奏兩情濃。

六

<u>八節長歡</u>遍六洲，
征人喜踏<u>最高樓</u>。
<u>阮郎歸</u>了談風月，
攬秀探奇<u>憶舊游</u>。

225

七

人月圓哉天地間，

錦堂春暖意回環。

長相思解癡心息，

甘拜香閨菩薩蠻。

八

武陵春景彩雲平，

望遠行歸見愛卿。

閨閣良緣晝夜樂，

風流蘊藉訴衷情。

九

登上西樓望月華，

春江水滿浣溪紗。

自然佳趣清平樂，

妊紫嫣紅蝶戀花。

十

醉太平兮喜欲呼，

翱翔翠嶺鳳棲梧。

離亭燕雀高飛遠，

月上海棠瑞色鋪。

十一

楊柳枝垂挹晚霞，

旋風拂絮浪淘沙。

暗拋紅頰眼兒媚，

空憶蘭閨解語花。

十二

燕歸朱戶遊春詞，

粉蝶兒翩綠柳枝。

思慮周詳好事近，

蒼天何必誤佳期。

十三

芳園燦爛小桃紅，
水調歌頭雅運通。
閨婦仰觀秋夜月，
不須惆悵怨西風。

十四

秋雨斜陽霜葉飛，
綺羅香散竟相違。
玉樓春夢風流歇，
如此江山伴落暉。

十五

雲霞煥彩月華清，
鵲踏枝頭喜欲鳴。
野色山光春草碧，
傳來隔巷賣花聲。

十六

撩人春色杏花天，
緬想平生憶少年。
惆悵心情醉落魄，
疏星淡月夜行船。

十七

金人捧露盤初嘗，
一翦梅花蕊尚香。
透碧霄層雲影動，
詞牌曲韻賀新涼。

十八

疏簾淡月映晴嵐，
陌上花開秀色參。
芳草渡西風景好，
綠波春水憶江南。

227

十九

吟壇搖落臨江仙，
調笑令宣遠近傳。
月照梨花雲漢夜，
聲聞到矣鷓鴣天。

二十

河山半壁醉春風，
夕照殘霞一萼紅。
虞美人兮揮劍舞，
項王垓下望江東。

廿一

真情可待獻衷心，
靜寂孤眠戀繡衾。
琴瑟相思引記憶，
籟聲聊作秋宵吟。

廿二

大江東去倦遊歸，
鬥百花殘弄影微。
時令知秋一葉落，
燕南雁北惜分飛。

廿三

桂殿秋零柳絮堤，
換巢鸞鳳過遼西。
霜天曉角塵緣迫，
月黑風高烏夜啼。

廿四

蒔花蔓草滿庭芳，
燭影搖紅萃肯堂。
煢獨阿翁一落索，
牽懷家室意難忘。

廿五

高山流水遇知音，

深院月華紫氣臨。

世事紛紜如夢令，

吾生閱歷翠樓吟。

阿非利加洲浪遊 七絕四首

一

愚民政策說非洲，
獨立圖強爭自由。
大陸從來稱黑暗，
光明在望起追求。

二

古代文明東北非，
六千年代不相違。
全球歷史執牛耳，
埃及幽光映落暉。

三

非洲大陸西南中，
黑裔封疆到處同。
民族提高新意識，
污名洗卻可憐蟲。

四

彩霞佳氣擁晴嵐，
景象神奇我欲探。
超踏非洲十八國，
迷離怪誕古今談。

近東以色列西奈見聞 七絕二首

一

埃及蘇彝士運河，
北非沿岸遏雲歌。
客舟疾駛從紅海，
西奈土人慣騎駝。

二

青天碧海夢魂馳，
印度洋中繫我思。
船隊蒞臨塞得港，
雲封霧鎖過關時。

世界最長水道埃及尼羅河泛遊 七絕二首

一

地中海岸大江流，
沙漠旱區變綠洲。
巨舸南航三晝夜，
尼羅河上逍遙遊。

二

北非城郭綠楊垂，
埃及風情尚可追。
半倚船舷看夜色，
臨流顧影月光隨。

埃及首都開羅進入大金字塔搜秘

七絕二首

一

北非古蹟太繽紛，

埃及開羅天下聞。

七大奇工金字塔，

五千年代映殘曛。

二

九垠沙漠看塵寰，

騎上駱駝客欲攀。

金字塔中頻索隱，

我曾兩入復回還。

埃及獅身人面像處欣賞聲光之夜

七絕二首

一

迷漫塵氛掩落霞，

尼羅河畔捲黃沙。

古邦埃及源流遠，

年代五千歲月遐。

二

北非城郭好軒昂，

大展雲程萬仞岡。

音響共鳴光影弄，

開羅夜色豈能忘。

安徽省黃山之遊　七絕二首

一

彩霞香霧散林間，
欣賞自然莫等閒。
歷古風光推五嶽，
而今絕景選黃山。

二

溫泉怪石及奇松，
雲海蒼茫極頂峰。
似此黃山兼四絕，
魄南靈氣盡包容。

江西省廬山遊勝景　七絕二首

一

巨廬奇景早聞名，
倒影鄱湖碧水清。
五老峰前雲霧擁，
山城牯嶺熠晶瑩。

二

仙人洞裏瑞光浮，
敬色瑰奇花徑幽。
三疊泉濺懸峭壁，
望江亭下水東流。

福建省武夷山遊覽 七絕二首

一

漢月唐天照玉關，
東陲閩省近南蠻。
蜿蜒盤屈流津筏，
環繞武夷九曲彎。

二

清溪透澈匯千重，
峭拔秀奇玉女峰。
卅六嶂岩兼七二，
紅茶盛產曰烏龍。

廣東省廣州市特寫 七絕二首

一

專制推翻喜若何，
中華合唱自由歌。
廣州革命策源地，
傾覆滿清創共和。

二

廣東漢代趙佗城，
首善僑鄉歌頌聲。
南粵黎元耽冒險，
雲山珠水繫吾情。

廣州市白雲山登高　七絕二首

一

羊城北枕白雲山，
登上九重意自閒。
石板鋪成通絕頂，
九龍泉下水聲潺。

二

百粵南疆擁翠嵐，
摩星嶺頂我曾探。
趙佗城闕尋碑蹟，
泛棹珠江蕩碧潭。

陝西省黃帝陵謁敬　七絕二首

一

文明古國號中華，
毓秀鍾靈萬物嘉。
黃土高原開化早，
陝西吉地萃晴霞。

二

中華始祖永相承，
民族遺傳肯服膺。
古柏凌雲枝馥郁，
軒轅黃帝葬橋陵。

陝西省西安碑林清賞 七絕二首

一

揮毫鋪紙筆生花，

點染雲煙耀彩霞。

柳骨顏筋臨法帖，

鍾王墨寶自成家。

二

紅霞紫氣翠華臨，

石碣塊然鐫刻深。

我國歷朝書法界，

西安城闕築碑林。

山東省東嶽泰山觀日出 七絕二首

一

奇峰峭拔曉嵐蒸，

睥睨黃河紫氣凝。

游目騁懷東岸海，

一輪紅日已初升。

二

廖廓晨風拂面來，

高峰磅礡白雲開。

插天拔地玉皇頂，

奇石堪為瞭望台。

山西省大同巨型九龍壁觀賞 七絕二首

一

五色繽紛入眼中，
短簷覆蓋石玲瓏。
琉璃瓦砌九龍壁，
兩面光輝映碧空。

二

光彩透明翡翠屏，
爭珠戲舞遠山青。
九龍壁建分三處，
晉省大同最巨型。

河南省中嶽嵩山遊觀 七絕二首

一

峰巒秀拔幾清新，
中嶽嵩山向紫辰。
太室闕前栽古柏，
漢朝神木早逢春。

二

鍛練武功復枕戈，
銅筋鐵骨衛山河。
中原名剎少林寺，
面壁九年說達摩。

《世界詩人名鑒》美國紐約
世紀詩文社出版
作者簡歷 (駢體)

　　鄙人譚姓，名稱別號麗泉；籍貫廣東，世住台山海晏。光陰易逝，已逾古稀六年；學業粗成，曾歷邑庠三稔。願不償兮升學，一簣功虧；志惟執兮教鞭，廿年期近。論梲樸之多士，振鐸登壇；述菁莪之育才，授徒駐校。

　　藏修游息，沐春風於敷榮；琴韻絃歌，沾化雨於妙曼。菜根咬爛，隨時日以蹉跎；粉筆寫殘，任歲華以虛度。欣際遇之湊合，捨學從商；喜機會之適逢，棄儒習賈。貧士飄而作客，去國離鄉；寒生挺而放洋，乘桴渡海。

　　遂利權之蓄念，家道興隆；奠基業之宏規，市廛發跡。棲邁城以開族，入籍花旗；擇夷域以定居，移民美國。流連風月，踏全球而探奇；嘯傲煙霞，遊六洲而誌異。微軀尚健，既薰染於塵埃；晚節彌堅，曾遞嬗於歲序。

嘆世途之艱險，變幻人情；嗟時局之紛紜，懸殊物態。追舊夢兮回味，燈灺酒闌；惹新愁兮低迴，更長夜永。崦嵫薄暮，乍觀落日斜暉；老拙殘年，頓悟餘生急景。胸懷落拓，撰編全集文辭；筆墨因緣，乔列詩人名鑒。

《世界詩人名鑒》序 (駢體)

春風楊柳，拂縈遊子之魂；秋雨梧桐，滴碎征人之夢。嗟北溟之滾浪，時局阽危；嘆東海之揚塵，世途艱險。傷黍離而麥秀，故國牽情；哀荊棘之銅駝，枌榆撩念。緬懷今古，既惆悵而悲歌；夷考興亡，復激昂而太復。

砥礪治誠，施教化以敦厚；弘揚正義，寓明德於溫柔。揚華夏之聲威，共扶文運；闡漢唐之道統，同勵時流。善言正於人心，發聾振瞶；讜論匡於世務，激濁揚清。叱吒風雲，豪傑起而報國；喑嗚河嶽，英雄出而安民。

文林淵博，擷辭采之紛披；藝苑奇葩，措筆鋒之淩厲。挽國學於不墜，萬古遺留；拯詩教於復興，千秋傳授。撰短篇之文體，剪月裁雲；填長調之詞牌，鏤金琢玉。沈雄婉約，閱旋律之迴環；精巧空靈，誦倚聲之繾綣。

詞苑方家，挺秀奇以搜采；詩壇宗匠，敷文雅以揚華。溯蘭亭之流風，逍遙勝會；傳洛社之餘韻，暢適豪情。瞻文士之風儀，才華卓越；慕雅人之本色，氣度謙沖。意態抑揚，挹楚騷於逸品；聲容淑茂，仰周易於啓蒙。

錦標詞丈，發明詩學擂台；詩伯友山，世紀詩文社長。當代聯吟之什，征集花旗；全球詞詠之章，彙呈紐約。經十年之寒暑，聯合報登；歷彌久之時光，國魂刊續。維茲小報，纂詩詞於保存；藉此新編，延國粹於嗣嚮。

斯日刊行，世界詩人名鑒；現年出版，吟壇雅韻標題。振詞客之風騷，求諸海外；播藝人之逸事，展望神州。結文字之因緣，齊披膽識；記唱酬之雅集，互表心聲。寄意托情，綴句聯冠卷首；揮毫潑墨，摛辭輒弁序文。

公元1990年7月歲次庚午孟秋上澣
台山譚麗泉序於美國佛州邁阿密市

241

詩學擂台友誼賽　（七言排律）

丁卯加盟紐約世紀詩文社詩學擂台友誼賽
忝充台主纂修世界詩人名鑒共留永念

擂台擺設會群英，國粹弘揚振紐城。
盟主標題如玉潔，詞宗和韻似冰清。
藝林李杜聲華顯，文苑蘇黃氣度明。
筆染煙雲猶朗潤，墨噴風雨更敷榮。
彫龍繡虎才能巧，描月摹虹技術精。
世界詩人名鑒在，鯫生求友效嚶鳴。

第六期　第八局

體韻: 七律　麻韻

和詩: 每人限一首

出題　擬韻　出詩

台主詞宗　邁阿密　譚麗泉

萬紫千紅吐玉葩, 春容燦爛顯芳華。

青崖峻峭通玄嶺, 碧海澄清繞白沙。

嘯傲湖山看隱靄, 猖狂詩酒醉流霞。

花香鳥語迎幽客, 簇錦園林莫漫誇。

243

第七期　第三局

　　　　　出題:《秋聲》

　　　　　　　體韻: 七律　侵韻

　　　　　和詩: 每人限一首

　　　　　出題　擬韻　出詩

　　　　台主詞宗　邁阿密　譚麗泉

天高雲淡氣蕭森, 秋肅殘陽感莫禁。

曠野清聲聞蟀韻, 疏林爽籟伴蛩吟。

霜凝塞北驚鴻陣, 霧鎖江南怯鶴音。

覩物牽懷憐客況, 侵簾夜月照寒衾。

第七期　第七局

出題:《秋色》

體韻: 七律　冬韻

和詩: 每人限一首

出題　擬韻　出詩

台主詞宗　邁阿密　譚麗泉

楓林紅染半岩松,突兀崢嶸颯氣鍾。

玉露生寒黃葉落,金風送爽白蘋穠。

嶠山明淨臨煙浦,江水澄清映霧峰。

老圃東籬叢菊放,幽光澹蕩見秋容。

贈紐約世紀詩文社 二律
並東魏友山社長吟正

詩學擂台擺紐城，魏公首創拔群英；
詞宗步韻心絲巧，盟主出題膽略誠。
卓越才華垂玉振，沈雄格調作金聲；
騷壇海外聯吟會，喚醒黃魂享盛名。

儒林筆陣疾如雷，吟友文壇諷詠開；
世界詩人名鑒出，環球詞客德音來。
國風搜采揚三代，爾雅遺徽振九陔；
聲律精通弘韻學，薰香摘艷綴奇才。

恭祝聖誕 二律

節逢聖誕顯神明，瑞雪紛飛玉宇清；
箕斗生輝星熠爍，漢霄現彩月晶瑩。
人間凡響悠揚律，天上仙歌妙曼聲；
火樹銀花開不夜，教堂彌撒頌昇平。

聖誕老人大快哉，布囊背負笑顏開；
平安夜裏佳音嫋，鐘塔樓前刻漏催。
匝地清幽看落絮，全園香艷賞疏梅；
白鬚黑履紅衣帽，八鹿拖車滑雪來。

復活節頌 二律

救主精神曠世功，耶穌教義古今同；
晚餐最後門徒集，密室當時暴敵攻。
天暗星殘催驟雨，月昏電閃起狂風；
從容就義雷聲響，十字架前聖血紅。

節逢復活大巡行，基督還陽天道亨；
伯利神徽迎斗轉，耶城聖跡接參橫。
教堂洞窟靈光現，橄欖山巔古物更；
齋戒信徒搖燭影，福音合唱拯蒼生。

感恩節吟 二律

去國遙聆曉暮笳，朔風凜冽掠荒遐；
飄洋破浪三冬雪，浮海乘船五月花。
普里茅灣登碣石，紐英崙岸踏流霞；
嘗聞清教徒遷徙，尋到美洲樂有家。

瀛海漂流帆影殘，太空仰望彩霞丹；
風霜九歷寧茹苦，雨雪曾經豈畏難。
舉國同酣冬令酒，全家共吃火雞餐；
美人獨有感恩節，傳統遺留興未闌。

乙卯歸化美國籍民述懷　二律

桃花穠艷武陵溪，燦爛芬芳滿翠堤；

翹首蒼天紅日近，凝眸碧海白雲低。

美邦歸化姓名錄，華裔移民國籍題；

每念枌榆非昔比，鷦鷯借得一枝棲。

征人到處踏青鞋，異域風光萬象佳；

遁世投閑居海角，隨緣得遇在天涯。

星輝熠耀浮金闕，月影玲瓏轉玉階；

數典應將思列祖，炎黃後裔豈忘懷。

古今潮流浮繪　仿試帖體

人情反覆無謙讓，世事紛紜有嚷囂；
敦睦淳風惟進德，澆漓薄俗豈聞韶。
正途坦蕩探奇跡，邪道猖狂出絕招；
夙昔唱歌崇古典，而今跳舞尚新潮。
喊嘈樂調捱清夜，逢拆鼓聲盪碧霄；
白臉長鬚方爛熳，紅妝短髮更妖嬈。
靈光顯赫冰魂聚，戾氣迷濛雪魄銷；
斗轉參橫偏惹感，春溫秋肅亦堪描。

悵望河山半壁紅　仿試帖體

追憶此生浮浦梗，劇憐今世散林楓；
塞邊起舞迎風鶴，江畔迴翔帶月鴻。
白日氤氳凝碧落，青雲靉靆聚玄空；
尚賢篤學聲聞遠，修德崇文氣勢雄。
俊傑洵能匡古道，英豪信可竟前功；
海棠葉缺思無極，梅萼花稀感不窮。
玉宇猶存天象裏，金甌已破地圖中；
登臨關嶽千疇綠，悵望河山半壁紅。

贈紐約世紀詩文社魏友山
社長嵌名聯語

（四點金格）

錦綉辭章，四聲研究，發明詩學擂台，
薈萃紐城，同道爲吟壇韻友。

標題典故，六義宣揚，創造國魂月報，
風行世界，知音屬流水高山。

自嘲聯語

教學十有六年，粉筆寫殘，始得謀生海外，
把卷吟哦，尚屬文人本色。

旅遊百零八國，地球踏遍，終須隱逸邁城，
揮毫著作，猶存雅士風儀。

俯仰閑吟六十年 <small>(連環轆轤)</small>

俯仰閑吟六十年，拈毫醮墨寫殘篇；
菜根粉筆貧儒習，藜藿丹青寒士緣。
償願放洋探宇宙，適時去國越山川；
天涯浪跡煙霞客，逸興風流海外傳。

師承有自得薪傳，俯仰閑吟六十年；
論道證今查列誌，談經考古閱群篇。
唱酬了卻詩詞債，雅頌難忘筆墨緣；
環顧藝壇思往哲，源流洙水匯文川。

派別分流節大川，循環因果互相傳；
浮沉漸隱三千界，俯仰閑吟六十年。
佳偶偏聽薤露曲，好逑竟賦悼亡篇；
孤零暗惹殘燈夢，幻境招吾又結緣。

254

人生聚散信前緣，歸海東流納百川；
列國周遊奇景現，全球遍踏異聞傳。
逍遙奮翥九千里，俯仰閑吟六十年；
客地風光堪眷戀，尋幽索隱輯零篇。

感事憂時詠百篇，消磨俗累拂塵緣；
率循正道通衢路，超度迷津濟巨川。
劍膽渾雄桴鼓嚮，琴心坦蕩漏鐘傳；
生平著作詩文集，俯仰閑吟六十年。

台城路　(壬申憶台中母校)

　　春風時雨沾城郭，晨光照臨河嶽。紗帽流霞，三台秀氣，掩映崇樓高閣。黌宮坐落，聽琴韻絃歌，講壇司鐸。校譽弘揚，藏修游息頌聲作。

　　門牆李桃發萼，聚英才士子，博聞勤學。運動場中，圖書館內，課後探求康樂。菁莪棫樸，憶三載絣幪，此情如昨。母校留痕，素心生妙覺。

醉桃源 (巳酉移民美國)

洪邦游息顯崢嶸，廿年松柏貞，瘦梅淡菊傲冬青，
幽香飄草庭。

遷美國，到蓬瀛，素心孤月明，佛州山水熠行旌，
歡然棲邁城。

釵頭鳳 (感慨)

春光窈，秋容渺，寄懷幽恨何時了？天緣薄，人心惡，世
衰奸起，道微邪作，愕愕愕！

青雲嫋，紅霞繞，滿胸愁緒知多少？風蕭索，花零落，半
生憂患，晚年漂泊，確確確！

翠樓吟 (自嘲)

美國棲遲，邁城隱逸，難忘故鄉蹤影。星霜經幾換，便回想，少時心境，中年行徑。看碧海迷茫，青山明淨，雲霞映；縱情遊覽，放懷吟詠。

夢醒。霎眼繁華，世事偏多幻，變生俄頃。持躬崇道義，葆名節，雍容恬靜。謙沖成性，任得失安排，窮通先定。桑榆景，匹夫愚叟，聽天由命。

希賢卷

希賢攝於2005年

目　錄

悼念雙親百年冥壽

先父 (1914－2000)

西昌成績列前茅，四書五經熟如流，

師範學府頭角露，海晏小學當領導。

學生成材國棟樑，棄儒從商赴洪國，

駿業宏興振宏圖，激流居退南州佛。

世界名川腳踏遍，衣錦還鄉修林場，

慷慨解囊建祠堂，寶訓名言傳後輩。

生平不做虧心事，半夜敲門也不驚。

天資聰穎賦詩詠，一氣呵成二百首，

傑作面世成心願，譚氏文萃贈後人。

兩星伴月青松下，五代同堂聚美國，

麗日清風芳草地，泉下含笑聚天堂。

慈母 (1915—1970)

十年樹木百樹人，常臥活林芳草地，
青松獨伴泉下人，憶自童年咸教誨。
五歲能誦九九歌，六歲學弄算盤棋，
相夫教子才德備，任勞任怨勤家事。
痛惜盛年乘鶴去，未盡教導疚於心，
慈母仙逝將半世，長念慈親永難忘。

懷念劉師母

亂世女兒吳愛蓮，生長官宦書香家；
童年歸向主基督，立志從主背十架。

自小敬佩宣教士，願意效法德麗莎；
山河改變家庭破，榮華富貴落塵沙。

遷居港島跑馬地，獻身蒙召事神家；
瞞慈進修讀神學，相識同學劉廣華。

心心相印情已定，因盡孝心斷來往；
潛心學習事奉主，五年無語各一方。

互交信物常思念，天父不負有情人；
家姐智助慈母許，教堂鐘聲結成親。

神賜寶貝好男女，移民來美傳福音；
南下佛州勤開荒，助夫牧養主羊群。

不求名利任勞怨，建立兒童少年部；
愛護小孩如己出，人人都說愛師母。

勤勞樂觀常微笑，無私無我揚主名；
最後春蠶絲用盡，蒙召返家享安寧。

師母留下好見證，慈容德行銘於心；
願效師母好榜樣，步她後塵傳福音。

恭賀劉廣華牧師七五華誕

香港伉儷蒙主召，攜眷揚帆金海岸。

南下佛州開荒場，福音果子種子結。

不求名利任勞怨，榮神益人福僑社。

牧養教會卅餘載，信主眾多滿天下。

賢內師母奉主召，身成功退享天年。

不問人間煙火事，天上美容永恆笑。

七五華誕齊慶祝，求主看顧劉牧師。

延年益壽更康健，繼續為主福音傳。

班門弄斧獻詩賀，主前領獎得冠冕。

蘇科兄嫂伉儷金婚誌慶

風雨同舟五十年，努力耕耘建家園；
邁城南端開餐店，財源廣進滾滾來。

投資地產開先河，眼光獨到領風騷；
長江後浪推前浪，三位男兒青出藍。

敬畏父神得智慧，榮神益人多蒙福；
大智若愚深不露，功成身退四海遊。

伍倫輝弟兄七十華誕誌慶

創業守業皆艱辛，勤勞刻苦助成功；
廣東牛排一炮紅，任勞任怨常微笑。

賢內才德皆兼備，忠心事主助夫君；
謙卑慷慨人尊敬，大智若愚好男人。

愛主助人為快樂，教會弟兄好榜樣。
七秩華誕神賜福，福如東海壽南山。

恭賀余王春娟姊妹甲子華誕

福星高照壽星婆，甲子年華青春駐；
相夫教子賢內助，愛主愛家疼夫婿。

浪子回頭金不換，合家信主傳福音；
終身事奉得神恩，榮神益人福僑社。

延年增壽精神爽，為主發光得冠冕，
兒孫滿堂繞膝下，葡萄樹蔭享晚年。

奔 馳

風馳電掣法拉利，田野春風迎面來。
海天一色七里橋，白駒過隙輕如燕。
志同道合遨四海，時光雖短味無窮。

知 音

世上難遇知心友，更難得一知音人；
抱膝談心天下事，相見恨晚亦樂乎。

緬懷李振光弟兄

時光如流忽十年，俊秀樣貌現眼前；
昔日舊友兼鄰舍，開朗慷慨樂助人。

白手興家創大業，玩具商場展鴻圖；
爽直為人成摯友，團契掌財處事勤。

教會虔誠事奉主，愛神愛人愛家庭；
可惜英年早逝去，壯志未酬速兼程。

幸得夫人撐大局，深信兒女志繼承；
安息主懷享永生，他日相見聚天庭。

耶穌寶血救贖人

耶穌寶血救贖人，

忍辱十架呼父神；

求父赦免世人罪，

基督慈愛萬世讚。

毛 澤 東

橫空出了毛澤東，開國元勛新中國。

宣告人民站起來，抗美援朝氣鼎力。

秦王思汗失文采，夜郎自大有今朝。

專橫奪權搞文革，哀鴻遍野破文化。

三七功過還未定，蓋棺定論後人判。

永 別

床上昏迷神志清，枯憔面顏淚如流。

內人代抹淚不乾，無言相對愁加愁。

陰陽相隔將永別，痛惜英年早逝去。

追思喪禮幼女啼，此情此景淚難禁。

窮問天父何殘忍，半疑半怨壓心頭。

黃碩明伉儷金婚誌慶

香島智菁愛國心，胸懷廣闊男兒志；
熱血沸騰奔祖國，投入後方打前鋒。

革命勝利新中國，歷盡艱辛吐氣揚，
好景不長塵埃定，驚濤兇浪破希望。

轉眼成空徒惆悵，二四年華結良伴，
志同道合夫唱隨，蹉跎歲月壯年志。

棲身齊家是何處，三十六著走為計，
逃生香江自由氣，世上本無桃源洞。

柳暗花明神早知，神恩不負苦心人，
居家移民黃金國，勤儉興家育兒女。

兒子長進長青藤，成家立業無牽掛，
合家信主得神恩，退休事奉更殷勤。

得主重用多蒙福，攜手併肩行主道，

五十春秋姻緣道，情篤恩愛陳年酒。

金婚大喜兒女孝，鑽石大慶更有望，

四代同堂聚教堂，同頌主恩數不盡。

重遊三峽

滾滾長江向東流，淘盡英雄鮮血淚；
橫貫東西大動脈，孕育華夏文明家。

開放改革日千里，泱泱大國昂崛起；
追求富強中國夢，高鐵遍地世界走。

一帶一路聯歐亞，神再賜福大中華；
逆水行舟奔三峽，沿途風光新面貌。

基建大廈爭鬥麗，龍蟠蛇灣水流急；
高聳峭壁群山會，關閉水閘上山峰。

萬馬奔騰傾下瀉，水壩工程甲天下；
疏導洪水灌田野，夏禹再世望天歎。

隨　感

大千世界虛空夢，榮華富貴如浮雲；
黃粱夢醒秋寒瑟，腳踏實地來做人。

情　緣

紅顏知己難尋覓，終生可遇不可求；
姻緣佳偶神已定，珍惜擁有夫妻情。

珍　惜

萍水相逢曾幾時，擦肩而過失交臂；
相逢何必曾相識，天涯何處無芳草？
人生歡笑若幾何，悲歡離合有定時。
人海茫茫結情誼，一見如故水流長。
青春逝去不復返，珍惜朋友莫逆情。

祝賀廣東同鄉懇親大會

廣東同鄉懇親會，　歡聚溫暖邁阿密；

僑胞梓里情溫馨，　陽光燦爛齊歡笑。

廣東歷史悠久長，　五百年前一家親；

羊城通商第一埠，　商業發達地靈秀。

革命先驅孫中山，　推翻滿清建共和；

甲子周年新中華，　國運坎坷塵埃定。

少年同志復掌政，　欽選深圳試腳石；

卅年開放人人好，　世界工廠珠三角。

韜光養晦吐氣揚，　經濟龍頭牽全球；

炎黃子孫齊加油，　振興發揚粵精神。

中華世紀皆奠定，　同一世界同一夢；

龍騰展翅統大業，　天下共榮享千年。

《家訊》百期誌慶

浸會家訊百期慶，分享見證神話語；
教會靈命齊煥發，信服耶穌福音傳。

天長地久時有盡，羅馬帝國今何存？
華夏文明氣鼎立，炎黃子民報佳音。

中華民族信靠主，神州大陸福滿溢；
宇宙昆侖神創立，基督慈愛永長存。

關於爸爸生活的軼事 (中譯)

親愛的爸爸:

今天是你這個來自中國在特古西加爾巴雜貨店工作的孩子七十歲生日。

你和我的母親結婚,承諾給她幸福與愛,並帶給她四個後代和一份工作。

我忘不了和你一起的許多美好時光,比如前往洪都拉斯山脈的旅行,以及開著你的卡車撞碎一棵樹,來修復一條彎曲了的保險槓。

所以當需要離開洪都拉斯的時候,你作出了犧牲和冒險的決定,把你的頭生兒子送到佛羅里達州,而只把我們留在後面。爸爸,非常感謝你。

最後你把我帶到邁阿密,只是為了讓我能夠和爺爺、阿姨以及表兄弟等各人一起居住；在這裏就像是住在我們自己的唐人街村莊。

你擁有一些公寓，並以你自己的方式和風格進行管理。所有的住客最好能保持清潔，不然就得付出一些金錢的代價。你總有辦法處置他們。

我們搬進當地唯一的一座紅房子，兼有一輛紅色的林肯車子，很多時候玩家庭籃球賽和乒乓球比賽。顯然紅色是你最喜歡的顏色。

你酷愛水域，童年時幾乎被淹死，但現在你有了自己的遊艇，可以遨遊在海上。

我記得我們曾經有許多次捕捉龍蝦和釣魚的旅行，以及乘搭你的多隻遊艇——你常常更換遊艇，就像更換你的內衣一樣。

你曾經去過三十七個國家，還有一百國在你的計劃中。

你總想要十二個孫子，但現在只有九個。算了爸爸，因為這是全部你所要得到的。

你教導我很多重要的事情——勤勞，節約，投資，謙卑，有男人的氣概，並在每頓飯後打嗝。爸爸，你總是一個聰明的人。

　　作為華人浸信教會三十五年的成員，你真是一個不同尋常的與神同行的人，一個充滿愛心的丈夫和了不起的父親。

　　生日快樂，最親愛的爸爸！你就像天上的太陽、月亮和星星。你是被神祝福的人，神賜給你這麼多禮物，一個充滿愛心和關懷的妻子（我的媽媽），並在你的生活上做了這麼多正確的選擇。我只能說，天父正從上面注視著你。

　　如今，我衷心祝願你七十歲生日，作為你的兒子我很自豪和榮幸，並祝你長壽！

　　　　　　　　　　　　　你的二兒子譚光耀

Anecdotes about Dad's Life

Dear Dad,

Your 70th birthday is here.

A kid who came from China and worked in a grocery store in Tegucigalpa.

Married my mother with promises of love and happiness, but instead gave her 4 off springs and a job.

I remember many great time like trips to the mountains of Honduras and smashing your truck into a tree to fix a crumpled bumper.

So when it was time to leave Honduras, you made sacrifices and risky decisions in sending your first born to FL, only to leave us behind. Thanks a lot Dad.

You finally took me to Miami, only to shack up with grandpa, aunties, cousins, and all. It was like our very own Chinatown village.

You owned apartments and managed it with style and class. All the tenants better clean up or leave some cash behind. You always had a way of dealing with them.

We moved to the only red house in town along with the red Lincoln Continental and played many family basketball and ping pong. You love the waters and almost drowned as a boy, but now have your yacht to keep afloat.

I remember our many fishing trips, lobster hunts and driving on your MANY boats like you change your underwear.

You've been to thirty-seven countries, and have a hundred in your plans.

You always wanted a dozon grandchildren but got nine instead. Dad, give it up, cuz that's all you're going to get.

You taught me so many important things to work, to save, to invest, to be humble, to be a man, AND to burp after each meal. Dad, you were always a wise man.

As a member of the Chinese Baptist Church for thirty-five years, you are truly an amazing man of God, a loving husband and terrific father.

Happy birthday, dearest Dad. You are like the sun, moon and stars above. You are blessed with so many gifts, a loving and caring wife (my Mom), and made so many right choices in your life. I can only say that someone from up above is looking out for you.

So, with all my heart on your 70th birthday, I'm proud and honored to be your son and wish you many more birthdays to come.

Your second son Gus

五代同堂聚美國

　　"五代同堂"，顧名思義，有沒有搞錯？！就算你活到一百歲，也沒機會看到第五代的直系親人！多謝我的大女兒珊珊在聖誕前特別為我們家安排了一次別開生面的"五代同堂"，聚會地點在邁阿密第八街的活林墳場。

　　那天中午天氣回暖，在風和日麗之下，我們在鄰近的 Versailles 餐館吃飽古巴餐後，珊珊提議往對面的墳場拜拜祖先（事前她完全沒有告訴我）。我覺得她有此追思祖先的孝心，令我老懷暢開。到達祖先墓前，隨即取出鮮花，我便吩咐九位孫輩，每人拿一枝鮮花向墓前行三鞠躬禮。最後輪到四歲的外孫，他指著石碑問："公公，躺在地下的是誰？"我回答："這是我的爺爺和奶奶，那座高的是我的爸爸和媽媽。"他又問："為甚麼他們不起來？"這下子我被他問倒了，一時想不出怎麼回答。幸虧我的小女兒嬌嬌思路敏捷，立即幫我解困："乖乖，他們在地下永遠睡著，不再起來了。"最後，我們全家三代，與我兩位妹妹的家眷，一共二十五人的大家族，在墓前一齊合照留念，這便是名副其實的五代同堂了。

天下無不散之筵席，曲終人散後，我與老伴才松了口氣，重回空巢過著相依為命的平淡生活。閑來無事，我再細看那張"全家福"合照，內中竟有美國人，台灣人，朝鮮人，猶太人，澳大利亞人，真好像小聯合國的大熔爐，令我感慨萬千！特別是看到黃白皮膚、五官玲瓏、鼻子挺直、面目俊秀的孫輩們的時候，我早前"食古不化"的陳舊思想被一掃而光。

以下是我祖先移民來美的辛酸史。

我的祖父出生於廣東省台山縣海晏地區的一個貧苦家庭，一九二八年隻身漂流到墨西哥的 Miscali 地區種棉花，後因該國發生革命，接著排華，他逃難去洪都拉斯投靠他的大哥。初時在美國人開的香蕉園當苦工，後來有點積蓄，兩兄弟便開了一間小麵包店，生意有了起色又叫他們兩位弟弟來幫手，一起開了一間大型的Bo-dega 商店。

一九四九年春，共軍渡江南下，當時在大陸鄉間當小學校長的父親逃去香港，翌年又揚帆洪國，在祖父逝世後，於一九五三年遷往洪國京城另創生意，直到一九五五年父親申請我全家前往洪國，一起團聚。那時我才十四歲，初中還沒有畢業，從此便失學了。父親的生意越來越興旺，他要我們全家出動幫他的忙。一九六一年秋天，在"不孝有三，無後為大"的傳統思想影響下，我回港與一位同鄉女子結婚，她就是我的現任太太。一九七零年，洪國發生政變，卡斯特羅的左派份子乘機作亂，因此我的父母先帶我的大兒子離開洪國遷移到邁阿密，兩年後我們一家六口移民來美，在這個機會之邦開枝散葉，從此一代比一代更好。

中國是我的故鄉，美國是我的家園，我們的下一代生於斯長於斯，我們應該灌輸中國的文化與美德，鼓勵後一輩參政，為美國效忠，爭取權利。我們不應有"寄人籬下"的心態，也許不久的將來，美國會出現一位華人血統的總統，Who knows!

回顧四十年前，美國有史以來第一位總統尼克松訪問中國，在北京機場見到周恩來時他的第一句話說："中國人民是偉大的人民。"七年後，中美建立邦交，中國大使回敬說："美國人民是偉大的人民。"數年後，身為平民的尼克松特往北京醫院探訪周恩來，細談世界大勢。最後周握著尼克松的手說："你是偉大的中國橋樑、和平大使，我充滿樂觀，中美兩國定會和好，世界和平定會實現。"不久這位偉大的外交家、政治家慨然而逝。

筆者觀看現今世界局勢，中美關係只有一條路走，就是和平相處，並肩攜手，互助互惠，共榮雙贏。中國經濟繼續發展，帶動全球，當中產階級成為主要群體時，自由民主定會在中國出現，世界和平的目標也越近，以上兩位知音人泉下有知，定會握手言歡，互相道賀。

我與老伴每次去到北京，必往天安門一行，看到"世界人民大團結萬歲"的標語，又看到那划時代的國家戲劇院與宏偉的人民大會堂互相輝映，心中沸騰之餘，然後會心微笑而歸。

The "Reunion" of Five Generations in the United States

The Chinese saying goes, "Five generations under one roof"; could that possibly be right? Even if you live to a hundred years old, there is no chance of seeing the fifth generation of your immediate family! In any case, thanks to my elder daughter Shan-Shan, a unique "reunion of five generations" was specially arranged for our family before Christmas, and it took place at SW8th Street, the Wood Lawn Cemetery in Miami.

The weather that day had turned warmer at noon. On the balmy and sunny day, and after a Cuban meal at the nearby restaurant Versailles, Shan-Shan suggested that we go to the Cemetery to pay our respects to our ancestors (she had not told me of her plans beforehand). That she was possessed of this filial piety to remember our ancestors made me very happy. When we arrived at the ancestral tombs, we brought out flowers and I told my nine grandchildren, each with flower in hand, to make three bows before the tombs. When it came to the turn of the four year old grandson, he pointed to the tombstones and asked, "Grandpa, who's lying in the ground?" "They are my grandfather and grandmother, and under the taller tombstone lie my father and mother," I replied. "Why don't they rise?" He asked again. I was stunned by this question, and didn't know how to answer. Fortunately, my younger daughter Jiao-Jiao, thinking quickly, stepped in, "Dear, they will sleep forever, and won't rise again." Finally, three generations of my family, together with the families of two of my sisters, making up a group of twenty-five people, took pictures together in front of the tombs: this was the closest that we got to "five generations under one roof."

Even the best parties must come to an end. After all went their separate ways, my wife and I breathed a sigh of relief, and returned to our empty nest, our simple life. Later, in a moment of idleness, I studied more closely the family portrait from that occasion, and was struck by how it included Americans, a Taiwanese, a Korean, a Jew, and an Australian—a veritable melting pot of the United Nations in miniature; it moved me greatly. Seeing the mixture of "yellow" and "white" skinned grandchildren, with their exquisite facial features, their straight noses, their handsome faces, I couldn't but lose decisively all my old and crusty notions of how races should mix.

What follows is the toilsome and fraught history of my elders' immigration to the United States.

My grandfather was born to a poor family in the Haiyan area of Taishan County in the Province of Guangdong. In 1928, he ventured alone to the Miscali area of Mexico to plan cotton. Later, because of the outbreak of a violent revolution, and a hostile movement against Chinese immigrants afterwards, he fled to Honduras to join his older brother. At the beginning he worked under harsh conditions on a banana farm owned by Americans. Then, having saved enough money, the two brothers opened a small bakery. Once business picked up, they brought over two younger brothers to help, and together they opened a large bodega-styled store.

In the spring of 1949, the Chinese communist army crossed the Yangze River, advancing to Guangdong. My father, then a principal at an element school in China, fled to Hong Kong, and in the following year sailed to Honduras. After the death of his father, he moved to the capital of Honduras and started a business in 1953. In 1955, at long last he applied for the rest of the family, still in China, to immigrate to Honduras. At the time I was only fourteen years old and, without even finishing junior high school, I saw the last of my formal education. My father's business, on the other hand, became more and more prosperous, and he eventually mobilized the entire family to help in the business.

In the fall of 1961, influenced by the traditional idea that "there are three ways to be unfilial, but the worst is not to produce any offspring," I returned to Hong Kong to marry a woman, whose parents were from the same village as that of my family. She is now my wife. In 1970, there was a military coup in Honduras; the Castro leftists took the opportunity to stir up trouble, so my parents, taking my elder son, left Honduras for Miami. Two years later, our family of six immigrated to the United States, and since then has flourished, generation after generation.

China is my fatherland, and the United States is my home. Our next generation was born here, and belongs here. We should instill in them Chinese culture and virtues; should encourage the younger generation to participate as citizens, to pledge allegiance to the United States, to strive to protect their rights. We should not be of the mind that we are upstarts or pretenders. Perhaps in the near future, the United States may turn out a president of Chinese descent. Who can tell?

Forty years ago, Nixon, the first American president to visit China, upon first meeting Zhou En Lai at the Beijing Airport, said, "the Chinese people are a great people." Seven years later, China and the United States established formal diplomatic relations, and the Chinese ambassador returned the compliment, "The American people are a great people." After a few years, Nixon, as a civilian, went to a hospital in Beijing to visit Zhou En Lai again and talked about the state of the world. Finally, Zhou held Nixon's hand and said, "You are a great bridge to China, an ambassador of peace; I am full of optimism, that the two countries will co-exist peacefully, and that peace in the world will be realized."Soon this great diplomat and statesman passed away.

In my view of the world, I see that there is one way to maintain the relationship between China and the United States, and that is to live in peace, side by side, with each conferring benefits upon the other. The Chinese economy continues to develop, and drives the whole world. When the middle class becomes a majority in China, freedom and democracy will flourish there, and the goal of world peace will be more attainable. If these two friends, Zhou and Nixon, could foresee all this in the netherworld, they would no doubt be very happy and congratulate each other.

Whenever my wife and I go to Beijing, we always make a visit to Tiananmen Square. We see the slogan "Long Live the United People of the World" we see the epoch-making national theater and the magnificent People's Hall standing there in splendid contrast; then with a fervent heart and heartfelt smiles, we return home.

"人定勝天"與"知天認命"

中國有句諺語："五十知天命，六十享天年，七十洗腳上船。"人生三十而立，五十有了定位，六十開始步入老年。一生勞碌，儲足老本，應當享受一生勤勞所得果實。七十已是老人，應該疊起心水過著悠遊自在的人生。

最近聯合國有一份報告說，世界人類的平均壽命是五十九歲。這樣說來，人生的歲數不過幾十個寒暑，所以我們想起曹操那首詩："對酒當歌，人生幾何？譬如朝露，去日苦多。"他作此詩時年五十二歲。他對人生竟如此消極，和以前"煮酒論英雄"的劉備有了強烈的對照。

另一個人物——毛澤東在中南海慶祝他七十歲生日，晚上席間周恩來見他心事重重，便尋他開心問："主席，你生平最得意的日子是哪天？"毛澤東望著天，含煙深吸，沉思不答。坐在旁邊的親密戰友林彪自告奮勇說："主席最得意時應該是一九四九年十月一日在天安

門宣告'中華人民共和國成立，從此中國人民站起來了'
的一天！"毛澤東搖搖頭，最後慢慢說："同天鬥其樂無
窮，同地鬥其樂無窮；一萬年太久，只爭朝夕。"後來
不久便發生天翻地覆的文化大革命。

以上兩位人物的功過，歷史自有評價、論定，筆者
認為他倆的性格雖然不同，一個是知天認命，認為自己
生命有限；一個是好勝逞強，相信人定勝天。但二人的
生命價值觀相同：君子不能一日無權。他們相信只有今
生，所以心靈空虛無奈，焦急憂慮，因為沒有來生的盼
望，沒有生命的永恆感。

綜合以上二位古今傳奇性的風雲人物，筆者覺得他
們有共通性：均有深博的中國文學知識，是卓越的軍事
家、文學家，可惜心術不正，都是追求權力的野心家。
這是中國知識分子的悲哀。歷史告訴我們，只有中國人
民覺醒，全面實行民主制度，中國才有希望，人民才能
真正的站起來。

東行漫記

我與內子很幸運，能有機會東歸神州，參加此次最後的長江三峽天然景點之遊。因為三峽大壩第一項工程，今年十一月開始閘堤積水，河床將升高四百尺，至二零零九年全部工程完成，長江上游水位將升高六百尺。這樣，很多文物、城鎮古蹟都被淹沒，從此長江三峽那神奇雄偉的風光便一去不復返——誠然，我在報名前還猶豫不決，因我的心臟還在復原期間，後經醫生檢查，加上家人支持才能成行。在此，我衷心感謝神的恩典，讓我更快恢復健康。

黃山掠影

東歸神州之遊是林榮煌弟兄伉儷發起的，我們教會有五對夫婦以及楊太太響應參加。今年九月四日，我們從邁阿密起飛，先去羅省機場，會合林弟兄兩位哥哥和林太家姐，組成一團，共十六人，一直飛上海，下榻文華酒店。翌日清早，導遊帶我們遊覽玉佛寺、城隍廟及外灘。我們看到黃浦江對面被稱為"東方之珠"的浦東地區高樓大廈擎天而立，水上船隻如過江之鯽，上海繁華一如往昔。此情此景，我們連忙擺好姿勢，拍下特寫鏡頭，各人大有收穫。入夜觀看雜技表演，當晚節目，名叫"太極千秋"。現今中共為迎合西方人口味，讓如花似玉的女演員穿上性感新潮服裝，加上出神入化的幻燈配合，令你眼花繚亂，大開眼界；精湛絕技，可與拉斯維加斯夜總會相媲美！

　　第二天一早，享受豐富早餐後，便匆匆起程，飛往黃山這個夢幻一般的"人間仙境"。下機之後，我們乘專程旅遊巴士，大約兩個小時抵達黃山腳下。為了登山之用，我們要做的第一件事是每人買一根枴杖，一下子都變成了"老人團"。導遊帶我們入閘，乘吊車上了半山。我在車上居高臨下，盡覽黃山景色，確是名不虛傳。黃山是中國十大名勝之一，有著名的"四絕"——奇松，怪石，雲海，溫泉。我們在飯店吃過午餐，"充電"之後，正準備登山，不料下起大雨，只好作罷，待第二天放晴再行出發。我們拄著枴杖，踏著崎嶇石級往上蹬，也不知道蹬了多少級，好不容易蹬上瞭望臺，我便一邊喘氣，一邊乘機休息，捕捉精彩鏡頭。由於霞霧遮擋，天空時陰時晴。當太陽普照的一刹那間，雲海與山峰爭妍鬥麗，變幻莫測，氣勢磅礴，不愧名震中外第一奇山、"人間仙境"！我們一向居住平原地帶，只有登過黃山，才能真正體會"五岳歸來不看山，黃山歸來不看岳"的意境。

三峽奇觀

下一站就是遊長江三峽。先飛武漢。從黃山到武漢不過一小時航程。武漢是中華地區的一個重鎮，水陸交通樞紐，人口八百多萬。一九一一年國父孫中山先生在武昌率眾起義，從此成為革命聖地。我們在這個城市的遊覽景點是黃鶴樓。當我登上五層塔，沿河兩岸，武漢三鎮，盡入眼簾。

當日下午五點下船，開始了四晚五天的長江三峽之遊。自古以來就有"長江後浪推前浪"的說法，我們的船乘風破浪，逆水前進。順道參觀了洞庭湖的岳陽樓。第二天早上，遊船駛入第一巫峽，河道漸窄，水流急湧。巫峽是三峽之冠，山奇水秀，風光綺麗。過了三峽，在岳山上岸，再坐舢板快艇，直上大寧河的小三峽。它的特色是山奇險，水奇清，和長江的黃水截然不同。第三天遊輪進入瞿塘峽。它全長八里，是三峽當中最短、最窄、最險的一個峽谷，沿途兩岸如斧削刀劈而成，雄偉壯觀，只有美國大峽谷才能與她媲美。我們的船繼續往上游行駛，途經萬縣、宜昌，進入葛洲壩，關閘充水升高一百尺，然后開閘讓船慢慢往上爬，大約半小時，船停泊在附近碼頭，我們轉巴士前往工地參觀全世界最大的水庫——三峽大壩。這是我們此行的"重頭戲"。大壩完工之後，其高度將達六百尺，長度將達五千二百尺，寬度為五十五尺，底下有十三個"Turbines"渦輪發電機，發電總量佔全國電力的百分之二十，投資額達二百八十億美元，參與合資建設的有美、英、日、德、荷等國，有中外工程師二千人，工人二萬。一九九四年動工，預定於二零零九年完成。如此浩大工程，對華夏百姓是福是禍，有待歷史來驗證。

阿詩瑪的故鄉

遊罷三峽，又往山城。這天早上，我們一行乘坐輪船，從底下穿過一座形似三藩市金門橋的現代化吊橋，轉瞬重慶就在眼前。我記得重慶在抗戰時是我國的陪都，夏天是"火爐"，冬天為霧都。一九九七年改為中央的直轄市。重慶大都會有人口三千三百萬，據說是世界

304

第一大城市，但市區人口只有四百萬。進入市區，竟連一輛自行車也沒有，這對於有"自行車王國"之稱的國度來說，是件奇怪的事情。這裏高樓林立，新建大廈，像雨後春筍。據導遊說，全世界所有的起重機，有百分之十五在這裏。此間近年來的地產發展一日千里，我想這跟建三峽大壩很有關係。

當天下午，遊覽鵝嶺公園，拜會了故鄉的國寶三隻大熊貓。晚上在重慶大會堂吃晚餐，有服裝表演助興。傍晚乘飛機直往雲南省會昆明。這兒四季如春，故有"春城"的雅稱。我們在此過了兩個晚上。第三天乘車趕程兩小時，來到天下第一奇觀——石林。這裏的石頭奇形怪狀，宛如鬼斧神工傑作，石峰林立，好像黑森林一樣，故得名"石林"。在石林當中，有一座大石頭，看去好像一尊人的雕像，正在抬頭向遠方眺望。相傳古時有一位聰明美麗的姑娘，名叫阿詩瑪，跟一位英俊的少年相戀，被惡人拆散，阿詩瑪是多麼想跟自己的愛人相聚，可始終不能如願，她心碎欲絕，一直等啊等，後來就變成了這座山。阿詩瑪的故事，在雲南地區，家喻戶曉，我們也慕名來這兒瞻仰，大家都在像旁拍照留念。陳太太和朱太太還換上阿詩瑪服裝，扮成古典美人，她們特別開心。

在昆明的最后一天，我們前往西山龍門。不是有"一登龍門，身價十倍"的說法嗎？我們登上去了，身價哪裏增加，還不是一個樣！行色匆匆，走馬看花，不覺又到了貴陽。那時已夕陽西下，內子和我兩人都很疲倦，但導遊仍帶我們去郊外參觀苗族村。下車以後，忽然一片劈靂拍拉的響聲，原來是當地少數民族燃放鞭炮迎接貴賓。他們還拿起牛角敬酒，我們哪敢接受，只得低頭算數，因為按照當地風俗，如果你呷了一啖，就要把整杯一口飲盡，否則你要留下過夜了。應酬一番之後，團友們分散跟姑娘們跳舞，這時個個精神奕奕，旅途勞頓盡消。

這次東歸神州，觀賞祖國大地錦繡河山，胸懷頓開，欽佩故鄉同胞艱苦卓絕的創業精神，驚嘆大自然的雄偉壯麗。特別是對黃河長江印象深刻，深信這是神的傑作，造物主的巧妙安排。讓我們一起高聲讚美神，願神的救恩早日遍臨祖國大地！

慰 問 信

——致關少堅夫人

關嫂夫人： 您好！

　　請您原諒這遲來的慰問。去年驚聞尊夫去世的不幸消息，當時心情沉重，耿耿於懷，時間不能沖淡我對尊夫那段純情友誼，特別少年時的快樂時光，歷歷重現難忘。歲月催人，遺憾沒有冰釋前緣，解鈴還是系鈴人，希望藉著我對尊夫表白情懷的一首詩，而將過去一切的恩怨一掃而清，忘記背後，努力向前，趁著夕陽的餘暉，奔向黃金海岸。祝禱尊夫在天之靈永恆安息，還望嫂夫人節哀順變，保重身體。最後祝福你們的大家庭各人身體健康，平安幸福！

弟希賢謹啟

二零一零年八月一日

懷念舊友

昔日少年身邊友，天真無邪兩相親。

後因誤會斷來往，從此天涯陌路人。

前程往事夢中憶，遺憾心坎到如今。

寄禱兩地祝平安，歲月催人悔於心。

驚聞悲訊兩行淚，惟望來世聚天堂。

橫跨加拿大鐵路遊記

坐火車由溫哥華到多倫多一共四百八十公里，路程大約由三藩市至紐約差不多。我們早上乘飛機往芝加哥，然後轉機到溫哥華下榻海旁大道五星酒店。出發前我們觀光主要景點是：Stanley Park, Gas-Town, Island Market, China Town.相信大家都很熟悉，不必多贅，不過值得一提的就是當晚的自由活動，我與老伴前往中國城打邊爐。　看地圖往中國城約走半小時應可到達，但路經海旁大道時忽然覺得情形不對，滿街都是酒巴，醉漢，流浪人，即改行 Dundas 大道向西行十分鐘便到中國城。後來得知該處是全城治安最差的地方。感謝神，我們當天平安無事。

坐第三天早上九時，我們團隊四十多人前往車站開始為期七天的火車探險之旅。加拿大從四月至十月是旅遊季節。我們第一批出發，車廂有三十座位，每排四

309

位，中間是走廊，車廂是餐廳，有 Game Room, TV 等娛樂。下午四點到達一座名叫Kam- loops 的山城，我們在此逗留了一個晚上。該城人口二十多萬，街道整齊清潔，具有鄉村風味。導遊說這裏有很多中國人，他們在此種植人參，但出處不如聚處，買人參還是在溫哥華比較便宜。

第二天早上，我們返回火車,繼續我們的旅程。在車上一路欣賞沿途風光，特別是湖邊的風景迷人，浮冰還在水面，空氣清新，山明水秀，同時路旁不時還有野生動物出現。每遇黑熊，火車便放慢速度，以便旅客拍照。

下一個目的地是Banff,我想特別介紹一下。該城是加國洛基山的旅遊中心，也是最高的山城，海拔七千尺，周圍高山林立，終年積雪，今年的冬運在這兒舉行。Rocky Mountain 南下延伸至Colorado。我們在該處停留兩晚，然後搭巴士前往參觀著名的冰湖Lake Louis。該湖人們冬天可以在湖上滑冰，夏天則是垂釣游泳的聖地。第二天早上又收拾行李乘巴士往北駛向 Taspee，這條三百公里的山路，是全程最精華的一段，路上群山連綿，各山奇形怪狀，爭妍鬥麗，非常險要雄偉，令人心曠神怡。沿路參觀著名的 Columbia Ice - field,由攀越七十度斜角的特別爬山車駛上冰山田野。當我舉目眺望那湛藍的天空與雪白的大地，無一瑕疵，確是人間仙境，頓覺"柳暗花明又一村"！當我們下山時非常驚險，老伴與我都把眼睛閉上，不敢往下望。當天下午，又來到Taspee的一座小山城，我們在城中心用兩小時歇歇腳，隨後轉搭豪華火車直駛多倫多，車上設備齊全，還有酒吧，billiard，小桌乒乓。我特別欣賞那兩層透明的車頂瞭望台。火車向東行駛，由高至低，一路都是小麥田野牛場。在中部的牛仔城 Winnepeg 停了兩小時，第二天早上便到達多倫多，在酒店住了兩晚，參觀當地的一些景點，包括橫跨加美邊境的尼加拉瀑布的"一天遊"，當晚便乘機回家。

總結這次旅遊的經驗，我們覺得十分刺激愉快，雖然沒有坐船的舒服，但能觀賞大自然的風光，從高山到平原，從冰山到田野，加國地廣人稀，人口只有三千五百萬，但得天獨厚，神真祝福這個國家。

虛空的世界

享樂的虛空

傳道書2:7-8說："我買了僕婢，也有生在家中的僕婢；又有許多牛群羊群，勝過以前在耶路撒冷眾人所有的。我又為自己積蓄金銀和君王的財寶，並各省的財寶。又得唱歌的男女和世人所喜愛的物，並許多的妃嬪。"

你看，所羅門繼承大衛王的江山，含著金鑰匙出世，擁有無數的牛羊和金銀珠寶，有財有色，應當享盡世界的榮華富貴，但他在傳道書第一句便說："我心裏說：'來吧！我以喜樂試試你，你好享福。'誰知，這也是虛空。"民間有句話："色即是空也，金也空，銀也空，死時何曾在手中。

在這現實的世界，世人所擁有和享受的東西，不過是過眼雲烟，正如所羅門說的：都是"捕風"，在日光之下毫無益處。我舉個例子與大家分享。不久前，有位記者訪問美國股票大王 Warren Buffet，問他一生何時最快樂？他不經思索隨口回答：是在二十四歲時與他的 Sweetheart 結婚，那年又在股票上賺了五十萬。記者再問：現在感覺如何？他說：現在我並不快樂，因為我想退休而不能，我還有很大的壓力如何繼續保持股票升值。這又證明，即使賺得全世界都不能得到快樂。

智愚皆虛空

請讀傳道書第二章十二至十六節。箴言第一章所羅門說"敬畏耶和華是智慧的開端"，但他在十六章說智慧人與愚昧人一樣，永遠無人紀念，因為日後便被忘記，可嘆智慧人與愚昧人無異。所羅門想到人生必死，便覺得生命虛空無奈。當初神創造人類始祖亞當，但亞當犯了罪，人便重歸塵土。死亡是世界最公平的公理，不管你是升斗市民或達官貴人都難免一死。

勞碌皆虛空

所羅門在傳道書第二章十八節說："我恨惡一切的勞碌，就是我在日光之下的勞碌，因為我得來的必留給我以後的人。"從這看來，所羅門是個極端自私的人。中國有句話："牛耕田，馬食穀，父賺錢，子享福。"中國人大部分都有為家庭兒女犧牲的精神，不是比所羅門更勝一籌嗎？

世上的人大多數是勞勞碌碌，終其一生，當你白了少年頭的時候，你便驚覺前面原來是一堆黃土，六呎銅棺，你也會有像所羅門一樣的傷感。傳道書第十二章內含三十三個"空虛"，也是說萬事都是空虛。直覺看來，所羅門似乎對人生消極，悲觀，無奈，但從深一層看，他提醒我們，屬世的一切事物、榮華富貴都會過去，但敬畏耶和華、與神同行、以神為中心的人生裏，人可以用感恩的心，享受勞動所得來的果實。

北歐波羅的海遊記

　　久聞北歐風光明媚，山明水秀，環境優美，我對彼嚮往已久，可惜一向沒有機會前往觀光，直至今夏才得償所願。我與內子於八月十七日，參加了北歐旅遊團，第一站是丹麥首都——哥本哈根，感謝神帶領我們平安到達。當天自由活動，我們坐船環城遊河一周，城中景色，一覽無遺。該城由三島組成，人口四十多萬，由於城內河流縱橫交錯，故有"北歐威尼斯"之稱。丹麥人崇古保守，城內大部份建築只有四、五層高，都是百年以上的古老房屋，很少現代化的高樓大廈，但有很多雄偉的大教堂。隨後，我們參觀著名的 Tivali Garden。這是世界最古老的遊樂場，內有很多餐館、劇場，供兒童和成人遊玩的設備，各式各樣都有，真是老少咸宜。我們來到一座日式塔內，我特別欣賞那首掛在牆上李白的古詩："床前明月光，疑是地上霜，舉頭望明月，低頭思故鄉。"這詩對我是如此親切，頓時勾起了我的思鄉之情。

次日，我們遊覽海灣，這兒有一座美人魚銅像，是安徒生童話裏的主角。接著參觀丹麥王室宮殿，我很佩服門前值班的衛兵站在那裏，任人拍照，卻絲毫不動。哥本哈根清潔優幽，空氣清爽，綠草如茵，確是一個美麗的城市。

下午五點，下船前往一九九二年脫離蘇聯獨立的愛斯頓尼亞的首都 Tallin ，該城居山臨海，樓宇和街道依山傾斜而下，引人入勝，是歐洲人新發現的度假勝地。我們漫步市中心，只見各式餐館林立，確有十步一樓、九步一閣之感！同日六時，船又起錨，開往俄國。當船身徐徐移動時，我們登上甲板，抬頭西望，看見下墜的斜陽，猶如含羞少女，躲在雲端;晚霞的餘暉，光芒四射，倒影水中，海天一色，顯得格外壯觀美麗。這時，"夕陽無限好，黃昏更溫馨"的詩句，不禁油然從我心底吟誦出來。

翌日早上，船已泊在聖波斯得堡港口了。她是俄國的第二大城，人口有四百萬，一七一零年由彼得大帝所建造，當時人們稱她為"西方之窗"。那天我們乘水翼船去參觀亞力山大皇后故居——夏宮。這座皇宮坐落郊區，面積四百畝，面對海灣，環境優美，三層樓房，全是用大理石建成，其中花草樹木、噴泉、石像等設施，都是精彫細刻之藝術精品，宮內金碧輝煌，豪華無比，據說比法國梵爾賽宮還勝一籌！

第二天，我們前往市中心，參觀了有名的冬宮博物館。這裏以前是彼得大帝的故居，如今成為供人們參觀的博物館，內有歷代沙皇收藏的珍貴油畫、古玩、雕刻，還有畢加索、梵高、林伯蘭特等世界名人傑作。導遊說，你若面對每件展品三分鐘，得花七年才能看完！但是我們"走馬看花"，用四小時便把它看完了。這時我們一個個都已筋疲力倦，回到船艙裏，倒頭躺在床上，一下子便進入夢鄉。

一聲長鳴的汽笛，使我從夢中驚醒。我由船艙窗口朝外張望，芬蘭首都──赫爾辛基已在眼前。芬蘭地廣人稀，與阿拉斯加一樣，高山終年積雪，因而第二屆冬運會曾在此舉行。這裏的物價高昂，一份漢堡包賣美金十元，令人咋舌！原來他們納稅，平均為每人收入的百分之四十。我們在市中心閑逛，買了些當地的記念品。

芬蘭人很悠閑，而且溫文有禮，若果有人站在街旁要過馬路，開車的人必停下來讓你先行。我們參觀了一座石砌的圓形教堂。導遊說，這裏人口只有二十萬，卻有教堂一百座以上，百分之九十的居民都是Lutheran 基督徒，是全世界犯罪率最低的國家之一。

翌晨，遊船慢慢駛入港口，途經許多小島，青山綠水，風景如畫，瑞典首都——斯德哥爾摩又在眼前。此城被人們認為是歐洲最漂亮的都市。這裏有著名的"日光節"，每逢六月中旬的週末晚上，所有的人都會走出家門，來到廣場、市集買東西，吃喝玩樂，盡情消遣，就像德國人十月過"啤酒節"一樣。所不同的是，這兒的太陽直到午夜才落，是名副其實的"不夜城"。還有瑞典人重視環保，公園與森林區，佔了全市面積的三分之一，是世界上唯一可以在市區游泳、垂釣的城市。我們參觀了國會大廈和諾貝爾宮，十二月十日，為諾貝爾獎的活動，在此隆重舉行。

下一站是瑞典的哥蘭島海港 Vishy ，這裏原來是一個漁港，近年才發展成旅遊勝地。由於沒有深水碼頭，再坐巴士繞島半日遊。回程原定是下午四點，但忽然狂風暴雨，浪高八尺。為了安全起見，船長把我們上了岸的兩百多人，全部安排住在酒店，待第二天風平浪靜才返回船上。以下是避風過程的一段小插曲：

晚飯完畢，我們順從船長安排，分乘巴士去酒店住宿。上車之前，在門口早已擺好牙刷、牙膏等用品，任由各人自取。我們排尾，輪到時牙膏已被拿光，我們只拿到牙刷。車子開行後，有三位老美說沒有牙膏，我也舉手附和。導遊記下我們的房號，即問大家誰願與我們分享牙膏？前面有四位女同胞當即舉手，獲得大家一陣回應的掌聲。但這時有位男同胞卻氣沖沖地責問導遊：“你為啥不早告訴我們每對夫婦只能拿一支牙膏？！”導遊未及回答，一陣笑聲已從旅客中爆發出來，我也忍俊不禁，老伴連忙捏我一把，後來我暗自慶幸，沒有步那男同胞的後塵，否則也會出洋相。

行行復行行，不覺來到最后一站。這是德國北方的一個名叫 Warmunde 的港口。在此只停留十二個小時。我們趕著下船坐兩小時巴士，參加柏林一日遊。因為柏林是德國政治、經濟和文化中心，世界名城，當然不能放過此一機會。我們參觀的景點是柏林牆、東西關閘、國會大廈、廣場大教堂。西柏林的建築物非常現代化，大廈林立，與東柏林的灰暗舊樓對照，真有天淵之別。由於時間有限，沒能深入參觀著名的博物館，殊為可惜，希望後會有期吧。

俗話說：“讀書萬卷，不如行路千里”，我對此深有體會。回顧多年來的旅遊經歷，每次回來，在思想認識上都有滿載而歸的感覺。特別是在俄國的兩天當中，有兩件事情令我感慨不已：其一是我看見很多年青的女導遊，講得一口純正的北京話，她們服務的對象當然清一色的是大陸同胞。據說她們是入息較高的一群。因為她們可往大陸做生意"掘金"，又可以在俄國教中文。另一件是每到一旅遊景點，總會見到一些年老的退伍軍人兜賣勳章。他們大部份是過去從阿富汗打仗回來的，究竟"英雄何價"？！我曾好奇地問導遊："你們在共產黨領導下，有著七十年歷史的社會主義國家，為甚麼一夜之間倒了台呢？"這時我們剛好是在一座教堂裏，她抬頭指著牆上的一幅耶穌像說："因為我們心中有了祂！"接著，她又指指腹部說："我們想自己的肚子能吃得更好些。"她的這番話讓我疑團頓釋。經過實地考察，如今得出一個結論：凡信奉耶穌基督的國度，不管是君主制或民主立憲，都是三權分立的政制。因有天賦的人權，人民享有民主自由，加上科學發達，人民相當幸福快樂。我看到俄國人民，目前雖然物質比較匱乏，但他們如今已享有宗教自由，言論自由，教會復興，前途滿有希望。願耶穌的博愛與福音傳遍世界地極！

"吃虧"論

中國有句俗語："君子不吃眼前虧。"人的本性不喜歡吃虧，吃了虧就覺得是受騙，給人佔了便宜。因此，生長在這個現實世界，無論做什麼事情，人們總要"步步為營"。記得在洪都拉斯幫我父親做生意當賣貨手，上街往僑胞商店兜生意，我見到大多數商店都供奉著關公像，但有一家卻只供奉曹操像，我便問他為什不拜關公拜曹操？他說：我是生意人，天下無商不奸。這就是"為仁不富，為富不仁"呀！筆者在年青時也不喜歡吃虧，在"人不為己，天誅地滅"、"識時務者為俊傑"的思想支配下，沒有伸出援手幫助一位急需幫助的好朋友，後來移民美國信了耶穌才慢慢改變心態。

誠然，筆者體驗到肯吃虧的人對人生得失看得平淡，吃了小虧當交學費，吃了大虧當做慈善；做人比較坦然與樂觀，能夠慷慨幫助別人，更能嚐到"施比受更為有福"的甜頭。同時銘記父親的教訓："平生不做虧心事，半夜敲門也不驚。"

三十多年前，筆者在邁阿密下城（down town）買了一座柏文，那天我收完租金上車前，忽然有一位彪形大漢拿長刀指著我想打劫，在那千鈞一髮之際，我聽到從二樓傳來"砰"的一聲槍響，把那黑人嚇走。我舉頭一望，原來開槍的是我的那位長期黑人租客。也許讀者覺得奇怪，為什麼那人會幫我趕走賊人呢？原來他曾欠了我三個月租金，因失業所以沒有按期繳交。我看他是個好人，又有實際困難，所以沒有催他。後來他要搬走了，臨走時我還送了一筆小錢給他。十年後我接到他的電話，我很高興，約他在餐館見面，言談間得知他用我給的那筆小費，往海地做小生意賺了錢，現在是一位成功的小商人。餐後分別時他交給我一封信，我回家拆開一看，是他如數還給我的支票，那張支票現在我還珍藏著，用來記念我的這位救命恩人。

常言道："塞翁失馬，焉知非福。"又說："吃得苦中苦，方為人上人。"而我的深刻體會是："吃得虧中虧，方為福中福"！